VAN GOGH MUSEUM 6

Die weltweit größte Sammlung mit Gemälden des berühmten Ohrabschneiders und Sonnenblumenmalers

➤ S. 51

TUSCHINSKI 7

In Amsterdams expressionistischem Lichtspielhaus lässt sich manchmal sogar Ex-Königin Beatrix blicken.

Tipp: Auf dem zweiten Balkon bist du ganz nah an der prächtigen Gewölbedekoration.

➤ S. 96

CONCERTGEBOUW 8

Lass mal hören: Altehrwürdiges Konzerthaus mit legendär guter Akustik

➤ S. 96

JORDAAN 9

Das Kontrastprogramm zum prächtigen Grachtenring: Hutzelige Häuser, historische Kneipen und vor allem versteckte *hofjes* machen den Charme des ehemaligen Arbeiterviertels Jordaan aus.

Tipp: Die schönsten Fotos macht man bei Nachmittagslicht auf den beiden Brücken über die Egelantiersgracht.

➤ S. 119, 39

KONINGSDAG 10

Am Tag des Königs spielt ganz Amsterdam verrückt – erst beim stadtweiten Flohmarkt, anschließend bei Bier und Oranjebitter-Likör.

➤ S. 102

INHALT

BESSER PLANEN
MEHR ERLEBEN!

Digitale Extras
go.marcopolo.de/app/ams

⏱	Besuch planen
€ - €€€	Preiskategorien
(*)	Kostenpflichtige Telefonnummer
☂	Bei Regen
🐷	Low Budget
👧	Mit Kindern
⚑	Typisch

(A2) Herausnehmbare Faltkarte
(a2) Zusatzkarten auf der Faltkarte
(0) Außerhalb des Faltkartenausschnitts

DAS BESTE ZUERST

Anlehnungsbedürftig: Häuser an der Kreuzung Keizers- und Leidsegracht

BEST OF BEI REGEN

SCHÖN, AUCH WENN ES REGNET

BIBLIOTHEK DES 21. JAHRHUNDERTS

In der Hauptfiliale der Stadtbücherei, der *Oba Oosterdok* (Foto), kann man nicht nur Bücher lesen, sondern auch herumspazieren, die Einrichtung mit niederländischen Designmöbeln bewundern, gratis im Internet surfen, Musik hören, in internationalen Zeitungen blättern und Kaffee trinken.

➤ S. 32

KUSCHELKINO

The Movies am Haarlemmerdijk ist Amsterdams ältestes Kino und noch ganz im Art-déco-Stil eingerichtet. Nach der Vorstellung gönnt man sich ein Bier in der gemütlichen Kinokneipe.

➤ S. 96

DURCHFUTTERN

In den *Foodhallen* in einer alten Trammremise warten 21 Stände mit Leckerem aus aller Welt. Im selben Gebäude gibt es auch ein Kino, mehrere Geschäfte und finden am Wochenende oft Designmärkte statt.

➤ S. 62

AUGE IN AUGE MIT FILMSTARS

Erst ein Kaffee, dann ein Blick in den Museumsshop und danach ein Ausstellungsbesuch: Im *EYE Film Institute* verbringt man locker einen Nachmittag. Regnet es dann immer noch, lockt die Dauerausstellung mit ihren gelben Kinokapseln für 3–4 Leute, in denen man sich nach Lust und Laune durch das gesamte Filmarchiv gucken kann.

➤ S. 54

VOM RATHAUS ZUM PALAST

König Willem-Alexander hält sich selten im *Koninklijk Paleis* auf, der ursprünglich als Rathaus gebaut wurde. Sehenswert sind die beeindruckenden Räume dennoch – allen voran der Bürgersaal, der das Universum mit Amsterdam als Mittelpunkt darstellt.

➤ S. 36

BEST OF LOW-BUDGET

FÜR DEN KLEINEN GELDBEUTEL

PARKKULTUR
Im Sommer trifft sich im *Vondelpark* ganz Amsterdam – zum Besuch eines der (kostenlosen) Konzerte auf der Freiluftbühne, zum Picknick oder einfach zum Fußballspielen. In diesen Park geht man eben nicht wegen der Ruhe, sondern wegen der Geselligkeit (Foto).
➤ S. 49

KLASSIK AM MITTAG
Die gratis zugänglichen „Lunchkonzerte" im *Concertgebouw* sind eine Amsterdamer Institution. Immer mittwochs um 12.30 Uhr kann man einer Probe des Concertgebouworkest beiwohnen oder sich ein halbstündiges Konzert von jungen Talenten anhören.
➤ S. 96

KINO IM FREIEN
Auf einer kleinen Halbinsel am Westerdoksdijk findet jedes Jahr im August ein mehrwöchiges Kinofestival im Freien namens *Pluk de Nacht* statt. Nur wer zum Liegestuhl auch eine Wolldecke haben möchte, muss dafür bezahlen.
➤ S. 103

GALERIEN IM JORDAAN
Zeitgenössische Kunst zu erleben, muss nicht gleich Eintritt kosten. In Amsterdam kann man auch einfach einen Galerienspaziergang unternehmen. Die meisten bekannten Galerien, wie *Fons Welters*, *Annet Gelink* oder *Torch*, findest du in unmittelbarer Nähe zueinander im *Jordaan-Viertel*.
➤ S. 39, 80

KNALLBUNTER PARADIESVOGEL
Chinesen mögen es farbenfroh. Mitten zwischen den alten Backsteinbauten am Zeedijk thront der buddhistische *Fo-Guang-Shan-He-Hua-Tempel*. Hier darfst du einen Blick in das religiöse Herz der Amsterdamer Chinatown werfen.
➤ S. 34

BEST OF
MIT KINDERN
SPANNENDES FÜR GROSS & KLEIN

BAKTERIEN, VIREN, PILZE & CO

Sie sind überall: auf unserer Haut, im Mund, unter den Füßen und natürlich im Darm. Bei *Micropia* erfährt man alles über die Welt der Kleinstorganismen im und am menschlichen Körper.
➤ S. 46

PFANNKUCHEN SATT

Pfannkuchenbüfett in Kombination mit Hafenrundfahrt – das finden alle toll. Als Überraschung für die Kleinsten öffnet sich während der Fahrt mit dem *Pannenkoekenboot* eine Luke zum Schiffsbauch mit riesigem Bällebad.
➤ S. 71

IN DIE PEDALE TRETEN

Wer die Grachten einmal ganz aus der Nähe erleben will, kann ein Tretboot von *Stromma* mieten und damit zwischen den Rundfahrtbooten herummanövrieren. Bei Regen bekommt man einen Poncho dazu.
➤ S. 100

MIT DER TIERWELT AUF DU UND DU

Der *Amsterdamer Zoo* ist klein und fein. Ein Erlebnis ist das Schmetterlingshaus, wo die Insekten frei herumflattern, aber auch die tägliche Seehundfütterung und die Lemuren-Insel machen Spaß.
➤ S. 45

WISSENSCHAFT ZUM ANFASSEN

Das *NEMO*-Gebäude (Foto) beherbergt eine gigantische Mitmach-Ausstellung über wissenschaftliche Phänomene. Höhepunkt ist die riesige Kettenreaktion, die stündlich vorgeführt wird.
➤ S. 44

HAUSBOOT VON INNEN

Wie sieht so ein Hausboot eigentlich von innen aus? Antwort gibt das *Hausbootmuseum* an der Prinsengracht. Das frühere Frachtschiff Hendrika Maria von 1914 darf man bis in den letzten Winkel erkunden.
➤ S. 41

BEST OF

TYPISCH

DAS ERLEBST DU NUR HIER

AUF DEM RAD DURCH DIE STADT
Ohne Fahrräder ist Amsterdam nicht denkbar. Dank vieler Verleihe können Besucher es den Einheimischen gleichtun. Besonders netten Service und einen guten Latte Macchiato bietet *Star Bikes Rental.*
➤ S. 130

WOHNEN AN DEN GRACHTEN
Amsterdams Grachtenhäuser sind mal windschief und hutzelig, mal imposant und vornehm. Schulter an Schulter säumen sie Altstadtkanäle. Zwar bestehen alle aus Backstein, aber wenn du genau hinschaust, gleicht keins dem anderen. Die prächtigsten Häuser findest du im *Gouden Bocht* der Herengracht.
➤ S. 42

BRAUNE CAFÉS
Rundum holzvertäfelt, vor allem aber „gezellig" müssen sie sein: die „braunen Cafés", die es in Amsterdam an fast jeder Ecke gibt. Manch ein Beispiel dieser Kneipengattung ist, wie *De Oosterling* oder *Wynand Fockink,* mehrere hundert Jahre alt.
➤ S. 92

KÖNIGLICHES DATUM
Am *Koningsdag,* dem 27. April, feiern die Niederländer ihren König Willem-Alexander. In Amsterdam wird der Tag mit einem stadtweiten Flohmarkt begangen, der nachmittags in eine große Freiluftparty übergeht. Style dich von Kopf bis Fuß in Orange und hau mal richtig auf den Putz.
➤ S. 102

BRÜCKEN, BRÜCKEN, BRÜCKEN
Insgesamt 600 Brücken gibt es in der Altstadt, darunter als berühmtestes Exemplar die hölzerne *Magere Brug* (Foto) über die Amstel. Den Oudezijds Achterburgwal überspannt seit Kurzem sogar die weltweit erste *Brücke aus dem 3-D-Drucker.*
➤ S. 43

SO TICKT AMSTERDAM

Kein Chromglanz, kein Hightech – mit Rost und Blumen huldigt man dem *fiets*

ENTDECKE AMSTERDAM

„Gezellig" geht auch open air, wie im Strandlokal auf dem Gelände der früheren NDSM-Werft

Leicht windschief lehnen sich die schmalen Häuser aneinander. Ein Radler überquert auf seinem quietschenden Fahrrad die Brücke, vor dem Eckcafé sitzen Leute beim Bierchen in der Sonne. In der Ferne hört man die Straßenbahn über den Leidseplein rumpeln. Keine Frage, Amsterdam ist eine schöne Stadt, die mit ihrer Entspanntheit und Lebendigkeit jährlich Millionen Besucher in ihren Bann zieht. Zwischen den alten Grachtenhäusern und hübschen Brücken fühlt man sich einfach sofort wohl.

WESTENTASCHEN-METROPOLE

Teil des Erfolgsgeheimnisses ist, dass Amsterdam als vielleicht kleinstmögliche Metropole der Welt eine unglaublich vielseitige Stadt ist. Alt und neu, ruhig und betriebsam, alternativ und kommerziell, kleinstädtisch und kosmopolitisch, ei-

1275 Erste schriftliche Erwähnung, als Graf Floris V. Amsterdam Zollfreiheit verleiht

1602 Gründung der Ostindischen Handelskompanie VOC

1612 Beginn der Anlage des Grachtenrings

1876 Die Eröffnung des Nordseekanals läutet die Industrialisierung ein

25./26. Februar 1941 Arbeiterstreik aus Protest gegen die Judenverfolgung

5. Mai 1945 Befreiung von der deutschen Besatzung

genwillig und trendig – keine Beschreibung der Grachtenstadt kommt ohne diese Widersprüche aus. Mit annähernd 8500 denkmalgeschützten Bauten hat die niederländische Hauptstadt die landesweit höchste Dichte an historischen Monumenten zu bieten.

ALTE STADT, JUNGE BEWOHNER

Dank der kompakten Innenstadt wirst du in Amsterdam, das sich über ganze 90 Inseln erstreckt, mehr oder weniger unvermeidlich zum Spaziergänger. Denn erst wer zu Fuß durch die backsteingepflasterten Gassen entlang der Grachten läuft, wird die Schönheit der schmalen, hohen Bürgerhäuser wahrnehmen, wird den Reiher auf dem Dach des Hausboots bemerken, wird hier und dort auf ein verborgenes *hofje* oder einen kleinen Designerladen stoßen. Das historische Ensemble des Grachtenrings ist über die Jahrhunderte hinweg komplett erhalten geblieben. 1999 wurde deshalb die gesamte Innenstadt unter Denkmalschutz gestellt. Dass Amsterdam dennoch kein angestaubtes Freilichtmuseum, sondern eine sehr lebendige Stadt ist, liegt einerseits am unbefangenen Umgang der Holländer mit ihren Denkmälern – da wird schon mal eine Neonreklame an einen gotischen Treppengiebel gehängt –, andererseits aber auch an der ungewöhnlich internationalen und ungewöhnlich jugendlichen Bevölkerung. Die Hälfte der Amsterdamer stammt nicht aus den Niederlanden, und 41 Prozent der Einwohner sind jünger als 35 Jahre. Und so ist das Nachtleben rund um Leidse- und Rembrandtplein turbulent, die Shoppingmöglichkeiten sind fast grenzenlos, und die Wahl zwischen den unzähligen Cafés, Bars und Restaurants der Stadt fällt ungeheuer schwer.

1996 Die erste Canal Parade findet statt, damals noch unter dem Namen Amsterdam Pride

2010 Der Grachtenring wird Unesco-Weltkulturerbe

2018 Neue Nord-Süd-Metrolinie quer durch das Stadtzentrum

2019 Angesichts eines Rekords von ca. 21 Mio. Touristen in 2018 beschließt Amsterdam, das Stadtmarketing aufzugeben

2021 Der bekannte TV-Kriminalreporter Peter R. de Vries wird in der Innenstadt erschossen. Drahtzieher ist vermutlich das organisierte Verbrechen

BEI BESUCHERN BELIEBT

Amsterdam ist zu jeder Jahreszeit schön – ob im Sommer, wenn die Cafés ihre Tische auf die Straße stellen und sich eine beinahe mediterrane Atmosphäre ausbreitet, oder im Winter, wenn Nebelschleier über den Grachten hängen und die Brücken festlich beleuchtet sind. Das haben auch die Reedereien erkannt und veranstalten jeden Dezember das *Amsterdam Light Festival*, bei dem spezielle Rundfahrten durch die mit Lichtern und Lichtskulpturen gespickte Altstadt stattfinden. Die drei großen Museen Rijksmuseum, Van Gogh und Stedelijk Museum mit ihren einzigartigen Kunstschätzen will natürlich keiner verpassen, ebenso wenig wie die vielen kleinen Läden im Stadtzentrum, die zum stundenlangen Shoppen einladen. Nicht zuletzt trägt aber auch die offene und unkomplizierte Art der Bewohner dazu bei, dass Amsterdam ein beliebtes Ziel für Besucher aus aller Welt ist. Inzwischen sind es mit etwa 21 Mio. Besuchern pro Jahr sogar so viele, dass es in manchen Gegenden der Altstadt ganz schön eng werden kann. Um die Ströme in geordnete Bahnen zu lenken, ist Airbnb in der Grachtenstadt streng reguliert, gilt ein Baustopp für Hotels und sind manche Museen nur noch mit Onlineticket zugänglich.

INSIDER-TIPP
Alte Grachten in neuem Licht

VOM FISCHERDORF ZUR HANDELSSTADT

Und doch waren es vor allem Toleranz und Weltoffenheit, die die Geschichte der niederländischen Hauptstadt geprägt haben. Ihre Ursprünge liegen in einem sumpfigen Fischerdorf an der Mündung des Flusses Amstel in das IJsselmeer, das heute ein See ist, damals jedoch noch ein Arm der Nordsee war. Nachdem dem Dorf Amstelledamme 1275 Zollfreiheit gewährt worden war, erhielt es im Jahr 1300 die Stadtrechte und kontrollierte dank seiner Lage fortan den Warenverkehr zwischen der Nordsee und dem holländischen Hinterland. Ihr Geschäftssinn ließ die Amsterdamer jedoch stets nach mehr streben: Bald trieben sie Handel mit sämtlichen Ländern des Ost- und Nordseeraums. Um sich vor den Gezeiten zu schützen, begannen die Bewohner mit dem Bau einer Befestigungsanlage, den *wallen*. Im ältesten Stadtviertel zwischen Oudezijds und Nieuwezijds Achterburgwal liegen heute die Chinatown und das Rotlichtviertel.

DAS GOLDENE ZEITALTER

Gegen Ende des 16. Jhs. lösten sich die nördlichen Niederlande im 80-jährigen Krieg von der spanischen Herrschaft. Das sprach sich schnell herum – und zog bald viele protestantische und jüdische Flüchtlinge etwa aus Antwerpen und Lissabon an, die noch immer spanisch besetzt waren. Diese Einwanderungswellen brachten Geld und internationale Kontakte und läuteten das sogenannte Goldene Zeitalter ein. 1602 wurde die Verenigde Oostindische Compagnie (VOC) gegründet, die Handel trieb mit Ostasien und Indien; 1621 kam die Westindische Compagnie hinzu, zuständig für Amerika und die Westküste Afrikas. In den folgenden 150 Jahren entwickelten sich die Niederlande zu einer der bedeutendsten See- und Handelsmächte Europas, und Amsterdam wurde zu einer wichtigen und reichen Hafenstadt, deren Lager mit Nelken, Zimt, Seide, Kaffee und Porzellan gefüllt waren. Innerhalb weniger Jahrzehnte stieg die Einwohnerzahl um das Fünffache.

GRACHTENHÄUSER VOLLER KUNSTSCHÄTZE

Als die Stadt aus allen Nähten zu platzen drohte, begann man Anfang des 17. Jhs. den Grachtenring anzulegen: Reiche Kaufleute ließen sich außerhalb der alten *wallen* prächtige Wohnhäuser mit angeschlossenen Lagerräumen an der Heren-, Keizers- oder Prinsengracht bauen. Wer Geld für ein prächtiges Haus hat, möchte es meist auch mit schönen Dingen ausstatten. Und so kommt es, dass auch die Kunst eine Blütezeit erlebte. Die berühmtesten Meisterwerke des Goldenen Zeitalters wie Rembrandts „Nachtwache" oder Vermeers „Milchmagd" kann man heute im Rijksmuseum bewundern. Um 1700 zählte Amsterdam etwa 220 000 Einwohner, war damit die drittgrößte Stadt in Europa und hatte den Höhepunkt seines Ruhms erreicht. Aber nur etwa 50 Jahre später begann der Stern der Niederlande wieder zu sinken und andere Länder übernahmen die Herrschaft über die Meere. Erst Mitte des 19. Jhs. erholte sich die Wirtschaft wieder durch den Beginn der Industrialisierung und den Bau des Nordzeekanals, der endlich eine direkte Verbindung zwischen Amsterdam und der Nordsee schuf.

NUR FÜNF TAGE KRIEG

Im Zweiten Weltkrieg wurden die Niederlande nach nur fünf Tagen von Deutschland besetzt. Aufgrund der raschen Kapitulation fielen in Amsterdam nicht viele Bomben – ein Grund, weshalb die Altstadt weitgehend erhalten ist. In den fol-

Ein großes Schifffahrtsmuseum erinnert an die große Seemacht, sein Glasdach an Seekarten

genden Jahren gab es zwar einen organisierten Widerstand gegen die deutsche Besatzung, aber die jüdische Gemeinde wurde dennoch beinahe vollständig ausgelöscht – darunter auch Anne Frank als bekanntestes Opfer.

HIPPIE-PARADIES AMSTERDAM

In den 1970er-Jahren wurde es dann wieder bunt und lustig in der Grachtenstadt, als Amsterdam zum Mekka für Hippies, Hausbesetzer und Aussteiger aus aller Welt wurde. Man kann es sich heute kaum noch vorstellen, aber im Vondelpark und auf dem Dam kampierten damals im Sommer Tausende Rucksacktouristen, und um 1980 lebten etwa 20 000 Hausbesetzer in der Stadt. Liberale Politiker bewirkten die Legalisierung sanfter Drogen. Für seine Toleranz ist Amsterdam auch heute noch bekannt: Nicht nur Tulpen und Grachten, sondern auch Coffeeshops und Rotlichtviertel prägen das Image.

AUCH DIE NIEDERLANDE WERDEN KONSERVATIVER

Seit einigen Jahren ändert sich die Mentalität jedoch, werden die Niederländer spürbar konservativer. Das Hausbesetzen ist seit Ende 2010 illegal, und in den Grenzprovinzen sind Coffeeshops nur noch für Kunden mit niederländischem Wohnsitz zugänglich. Amsterdam fällt allerdings wieder einmal aus dem Rahmen. Zwar werden auch in der Grachtenstadt die schlechte Integration und die hohen Arbeitslosenzahlen unter Immigranten aus Marokko und der Türkei als Problem gesehen, aber der Stadtrat ist noch immer links orientiert, und die Coffeeshops sind noch immer frei zugänglich.

BAUWUT AM IJ

Was man dagegen immer mehr sieht, sind Kräne und Baustellen. Vor allem am IJ-Ufer hat sich zuletzt viel getan. Während im ehemaligen Hafengebiet östlich vom Hauptbahnhof bereits komplette neue Stadtviertel entstanden sind, ist die Entwicklung am Nordufer und im alten Holzhafen im Westen der Innenstadt noch in vollem Gange. Stillstand liegt den Amsterdamern nicht, und so rückt das Stadtleben weiter in die ehemaligen Wohn- und Hafenviertel jenseits des Zentrums vor. In der historischen Altstadt bekommt man davon aber nicht allzu viel mit. Amsterdam ist und bleibt eine überschaubare, ungewöhnlich entspannte, manchmal aber auch etwas chaotische Weltstadt mit über 880 000 Einwohnern. Die sich am liebsten noch immer ökologisch korrekt mit ihrem *fiets* fortbewegen, dem meist rostigen Fahrrad. Cafés sind wichtiger Teil des Lebens. Ob schummerige Kneipen, angesagte Bars oder vegane Hipster-Cafés – Hauptsache, sie sind gezellig.

AMSTERDAM ZIEHT JEDEN IN SEINEN BANN

Amsterdam ist so vielseitig, dass es ganz unterschiedliche Besuchertypen anzieht. Wenn sich aber die Ulmen im Wasser der Grachten spiegeln und im Hintergrund das Glockenspiel der Westerkerk erklingt, sind sie alle gleichermaßen fasziniert.

AUF EINEN BLICK

880.000
Einwohner

Frankfurt/Main: 746.000

21 MIO.
Touristen jährlich

Einwohner Niederlande: 17 Mio.

1539
Brücken

Venedig: 435 Brücken

167
Nationalitäten

New York: 193

TIEFSTER PUNKT DER STADT:

WATERGRAAFSMEER-POLDER

6,70 M
unterm Meerespiegel

REGENTAGE IM JAHR

185

Berlin 113 Tage

165 GRACHTEN MIT

2500

HAUSBOOTEN

Jedes Amsterdamer Haus steht auf durchschnittlich 10 Pfählen. Unter dem Concertgebouw stecken jedoch beachtliche 2000 Pfähle, unter dem Hauptbahnhof sind es etwa 9000, und der Königliche Palast wird von über 13.000 Pfählen getragen.

207

Gemälde von Vincent van Gogh

BERÜHMTESTE PERSONEN
Anne Frank
Johan Cruyff

25.000 FAHRRÄDER FALLEN PRO JAHR IN DIE GRACHTEN

AMSTERDAM VERSTEHEN

FAHRRÄDER

Etwa eine Million Fahrräder soll es in Amsterdam geben – also mehr, als es Einwohner gibt. 53 Prozent der Amsterdamer über 12 Jahre bewegt sich täglich mit dem Fahrrad fort – in der überschaubaren, ständig von Lieferwagen verstopften und zugeparkten Stadt ist das *fiets* das beste Verkehrsmittel. Radfahrer dürfen so ziemlich alles, sogar zu zweit nebeneinander fahren und Passagiere auf dem Gepäckträger mitnehmen. Nur auf die Beleuchtung wird seit einigen Jahren geachtet: Abends gibt es regelmäßig Lichtkontrollen für Radfahrer. Die meisten Drahtesel befinden sich in erbärmlichem Zustand. Das ist jedoch Taktik: Sieht ein Rad zu teuer aus, wird es im Handumdrehen gestohlen.

DUTCH DESIGN

In aller Welt sind die meist schnörkellosen, oft humorvollen Produkte niederländischer Designer gefragt. Angefangen hat alles mit *Droog Design* (wörtlich: trockenes Design), einem Kollektiv junger Designer, das sich Mitte der 1990er-Jahre in Amsterdam formierte, um ein Gegenmodell zum geleckten Hochglanzdesign zu entwickeln. Innerhalb kürzester Zeit waren ihre ersten Entwürfe – darunter ein Sessel aus zusammengebunden Altkleidern und ein Lüster aus einem Bündel Glühbirnen – weltberühmt. Inzwischen ist Dutch Design fast zur Marke geworden, und Droog Design verkauft in seiner beliebten Laden-Galerie-Kombi in der Staalstraat ungewöhnliche Produkte junger Designer. Der international erfolgreichste Ex-Droogist Marcel Wanders fährt einen anderen Kurs: Er hat sich schnörkelreichem Neobarock verschrieben, der aber auch nicht ohne Augenzwinkern daherkommt. Sein Designlabel *Moooi* residiert in einer alten Schule im Jordaan. Dass er dieses Gebäude beziehen konnte, verdankt er u. a. dem Amsterdamer Stadtrat, der die Designbranche ganz bewusst fördert. Dazu gehört auch die Ausstattung der Stadtbibliothek mit niederländischen Designmöbeln und die gezielte Ansiedlung junger Designer im Rotlichtviertel, wo sich nun Ateliers in ehemaligen Bordellen befinden – und Bände darüber sprechen, in welche Richtung Amsterdam sich als Reiseziel gerne entwickeln möchte.

DREI BÜRGERMEISTER

Klar, jede Stadt hat einen Bürgermeister – aber Amsterdam hat sogar drei. Neben dem richtigen Bürgermeister gibt es in der Grachtenmetropole auch noch einen Nachtbürgermeister und einen Fahrradbürgermeister. Der Nachtbürgermeister vertritt die Belange des Amsterdamer Nachtlebens und vermittelt zwischen Stadt, Einwohnern und Entertainment-Industrie. 2014 hat er etwa durchgesetzt, dass einige Clubs rund um die Uhr geöffnet sein dürfen.

Eine Fahrradbürgermeisterin gibt es erst seit dem Jahr 2016: Die „Stimme der Radler im Rathaus" heißt derzeit Katelijne Boerma. Sie kümmert sich um die Verbesserung von Radwegen und Parkmöglichkeiten und will ganz allgemein die Position von Radfahrern stärken – auch wenn manch ein Besucher den Eindruck haben mag, dass das in Amsterdam nicht nötig ist ...

SCHLEUSEN AUF!

Amsterdam wird auch als „Venedig des Nordens" bezeichnet. Den Beinamen verdankt es den Grachten, die das Bild der Altstadt bestimmen. Früher dienten sie als Abwasserkanäle: Einmal täglich wurden die Schleusen geöffnet und das schmutzige Wasser in die Zuiderzee, das heutige IJsselmeer, gespült. Auch heute wird das Wasser mehrmals pro Woche ausgetauscht. In den 1960er- und 1970er-Jahren wurden einige Grachten zugeschüttet, um den Verkehrsfluss in der Altstadt zu erleichtern. Einzig ihre Namen – Vijzelgracht, Lindengracht oder Palmgracht – zeugen noch davon, dass diese Straßen einmal Kanäle waren.

ZU HAUSE AUF DEM BOOT

Mal sehen sie gepflegt aus, mal heruntergekommen; mal sind es umgebaute Lastkähne, mal schwimmende Bungalows. 2500 Wohnboote düm-

Das Pendant zum Reihenhaus heißt in Amsterdam Hausboot und hat Wasser unterm Kiel

Altes Haus, moderne Familie: das Königspaar samt Töchtern ganz auf der Höhe der Zeit

peln vor allem auf Singel und Prinsengracht. In den 1950er-Jahren kamen zuerst Studenten auf die Idee, dass ausgemusterte Schiffe hervorragende Wohnungen abgeben. Heutzutage werden Hausboote vor allem von Liebhabern und Exzentrikern bewohnt. Die Stadt hat die treibenden Häuser jedoch stets nur widerwillig hingenommen: Inzwischen ist es beinahe unmöglich geworden, einen Liegeplatz für ein neues Hausboot zu bekommen.

HET IJ

Hinter dem Hauptbahnhof liegt die große Wasserfläche des *IJ* (auszusprechen wie das deutsche Wort „Ei") und bildet die nördliche Grenze der Innenstadt von Amsterdam. Was das IJ genau ist, ist schwer zu beschreiben. Ein Fluss? Ein Meeresarm? Ein See? Nichts davon trifft es wirklich. Vor 1932, als der Abschlussdeich im Norden Hollands noch nicht gebaut war, war das östlich von Amsterdam gelegene IJsselmeer noch die Zuiderzee und damit Teil der Nordsee. Het IJ war damals ein Seitenarm der Zuiderzee, also eine Meeresbucht. Ursprünglich endete sie westlich von Amsterdam in den Dünen; ein direkter Zugang zur offenen Nordsee wurde erst 1876 mit dem Nordseekanal geschaffen. Gleichzeitig wurden im Osten Amsterdams ein Damm und die Oranjeschleusen gebaut, die das IJ vom IJsselmeer trennen. Heutzutage wird das IJ meist als Fluss bezeichnet. Sein Wasser ist noch leicht brackig, aber gilt offiziell nicht mehr als Salzwasser. Heringe und manch andere Meeresfische fühlen sich darin trotzdem pudelwohl.

BEATRIX & CO.

Die Niederlande sind eine konstitutionelle Monarchie. Das ist jedoch noch nicht allzu lange der Fall: Zwar herrscht bereits seit 1572 das Haus Oranien-Nassau über das Land, aber nach dem Freiheitskrieg gegen Spanien wurde Holland zunächst zur Republik. Etwa 200 Jahre lang besetzten die Oranier nur den Posten des Statthalters. Erst 1815, nach der Besatzung durch Napoleon, bestieg mit Wilhelm I. der erste König den Thron.

Es mag seltsam scheinen, dass ausgerechnet die pragmatischen Niederländer sich heute noch den Luxus eines Königshauses leisten. Aber ebenso wie ihre 2004 verstorbene Mutter Juliana, die als besonders volksnah bekannt war, war Beatrix (geb. 1938), die 1980 den Thron bestieg und 2013 abdankte, bei den Niederländern äußerst beliebt. Diese Rolle hat nun ihre Schwiegertochter Máxima (geb. 1971) übernommen, die ihrem Ehemann, König Willem Alexander (geb. 1967), bei öffentlichen Auftritten mühelos die Schau stiehlt. Blonder als manch eine Niederländerin und immer in makellose Designerkleidung gewandet, trägt die bürgerliche Argentinierin ein ewig strahlendes Lächeln im Gesicht. Wann immer das Königspaar mit seinen drei Töchtern Amalia (geb. 2003), Alexia (geb. 2005) und Ariane (geb. 2007) im Fernsehen erscheint, schießen die Einschaltquoten in die Höhe.

HEISS & FETTIG

Kroket, frikandel, loempia und *patat oorlog* – so heißen die Stars der Ams-

KLISCHEE KISTE

KIFFERPARADIES

Legale Drogen, die an jeder Ecke zu haben sind – das verbinden viele mit Amsterdam. Stimmt aber nicht, denn Drogen sind in den Niederlanden nicht legal, sie werden nur toleriert. *Gedogen* (Duldung) nennt sich diese speziell niederländische Grauzone, die übrigens streng reguliert ist: Nur in Coffeeshops mit besonderer Lizenz dürfen bis zu 5 g Cannabis pro Person verkauft werden. Und während es 1999 in Amsterdam noch fast 300 Coffeeshops gab, sind es inzwischen nur noch etwa 160. Dennoch: Wer sucht, wird mühelos fündig.

SCHMALE HÄUSER

Raum ist in der kleinsten Lücke, scheint manch Amsterdamer beim Bau seines Wohnhauses gedacht zu haben. Den Rekord hält das Haus in der Oude Hoogstraat 22, das gerade einmal 2,02 m breit ist. Auch nicht viel großzügiger bemessen ist das 2,44 m breite Haus am Kloveniersburgwal 26. Dort wohnte der Kutscher der reichen Familie Trip, die gleich gegenüber im *Trippenhuis* residierte – mit 22 m das breiteste Wohnhaus in der Altstadt. „Ach, wenn mein Haus doch nur so breit wäre wie die Eingangstür meines Herrn!", soll der Kutscher einmal geseufzt haben. Sein Wunsch ging in Erfüllung.

Ideen haben diese Holländer: Automatenimbiss als Drive-In-Variante für Grachtenboote

terdamer Snackkultur. In Öl frittiert und lecker ungesund sind sie allesamt. Manche, wie *loempia* (zigarrenförmige Frühlingsrolle mit scharf-süßer Chilisauce) und *bamischijf* (in Scheibenform gepresste und frittierte pikante Nudeln) weisen kulinarische Einflüsse aus der Kolonialvergangenheit der Niederlande auf. Aber auch der urholländische *nieuwe haring* (Matjeshering) ist Teil der ausgeprägten Fast-Food-Kultur, wird er doch selten als Hauptgericht, sondern meist als schneller Happen zwischendurch an einem Straßenstand verspeist.

Ihren Höhepunkt erlebt die Amsterdamer Snackkultur in der sogenannten *automatiek,* einem Verkaufsautomaten für Heißes und Fettiges. Hinter kleinen Türchen schlummern Käsesoufflés, Hamburger und Nudelscheiben und warten darauf, dass jemand ein paar Euro einwirft, das Türchen öffnet und sie verspeist. Die bekannteste Snackbarkette mit *automatiek* heißt *Febo.* Sie wurde bereits 1941 gegründet und findet sich in Amsterdam an nahezu jeder Ecke. Kenner schwören hingegen auf die hausgemachten knusprig-cremigen Garnelenkroketten der *Bäckerei Holtkamp* in der Vijzelgracht 15, die auch auf der Karte manch eines Restaurants stehen.

INSIDER-TIPP
Krokante Kroketten

HOCH DAMIT!

Man sieht sie an fast jedem Haus, ob es 400 oder vier Jahre alt ist: Takelbalken. Die mit einem Haken versehenen Balken ragen meist über dem Dachfenster aus der Fassade. Sie sind keineswegs historische Artefakte, sondern werden noch heute benutzt. Die Treppen in Amsterdamer Häusern sind extrem schmal und steil, sodass man größere Gegenstände kaum hinaufbringt. Stattdessen leiht man beim Umzugsunternehmer eine Seilwinde, befestigt sie am Takelbalken und hievt Schränke, Klaviere und andere sperrige Dinge durch ein Fenster in die Wohnung.

XXX

Immer wieder begegnet man in Amsterdam einem Symbol aus drei übereinander stehenden Kreuzen. Es ziert die Krone auf der Spitze des Westertoren, den Giebelstein von Grachtenhäusern und vor allem die kleinen braunen, als Amsterdammertjes bekannten Pfähle, die in der Innenstadt die Gehwege von der Straße abgrenzen. Mancher Besucher vermutet, dass diese Kreuze etwas mit dem Rotlichtviertel und dem X-Rating von Filmen zu tun haben könnten – in vielen Läden findet man auch mehr oder weniger witzige Souvenirs, die mit genau dieser Assoziation spielen.
In Wahrheit handelt es sich aber um die drei Andreaskreuze, die seit dem Mittelalter Teil des Amsterdamer Stadtwappens sind. Weshalb das Wappen ausgerechnet diese drei Kreuze zeigt, ist allerdings unklar. Vermutlich hat es damit zu tun, dass die meisten Einwohner Amsterdams im Mittelalter Fischer waren wie der Apostel Andreas. Ab 1505 mussten jedenfalls alle in Amsterdam registrierten Schiffe die Flagge mit den drei Kreuzen führen.

VORHANG FREI!

Amsterdam ist für großzügige Einblicke bekannt – und zwar nicht nur bei leicht bekleideten Damen in rot beleuchteten Schaufenstern, sondern auch bei Wohnhäusern. Manch ein Besucher weiß von einer historischen Gardinensteuer zu berichten, die den sparsamen Amsterdamern die Vorhänge madig gemacht habe. Das ist aber pure Legende. Zwar gab es im 19. Jh. eine Fenstersteuer, aber sie bezog sich auf die Zahl der Fenster, nicht auf deren Dekoration.
Wahrscheinlicher ist, dass der Aufbau der Grachtenhäuser Gardinen unnötig machte: Zur Straße hin lag im Hochparterre ein repräsentativer Empfangsraum, in den Passanten ruhig hineinschauen durften. Das private Wohnzimmer befand sich dahinter, vor neugierigen Blicken geschützt. Eine andere Erklärungen könnte die kalvinistische Religion sein: Ein guter Kalvinist hatte nichts zu verbergen und gewährte deshalb gern Einblick in sein Heim. Angesichts der edlen Designermöbel, die heute oft hinter den Fenstern teurer Grachtenhäuser zu sehen sind, scheint inzwischen auch eine gute Portion Besitzerstolz mitzuspielen. Der zielt allerdings nur auf die Bewunderung der Besucher ab, denn zu den kalvinistischen Spielregeln gehört auch, dass Niederländer selbst nie in anderer Leute Fenster starren – und seien sie noch so unverhängt.

SIGHT SEEING

Nicht weniger als 8500 Baudenkmäler hat die Grachtenstadt zu bieten. Die meisten von ihnen liegen in bequemem Spazierabstand zueinander in der Innenstadt – entweder in de Wallen, dem ältesten Stadtteil, oder im Grachtenring.

Niemand sollte die Stadt verlassen, ohne einmal ausgiebig durch Singel, Heren-, Keizers- oder Prinsengracht geschlendert zu sein. Aber auch manch ein neueres und unbekannteres Stadtviertel ist einen Abstecher wert. Neben einer Grachtenrundfahrt lohnt sich zum Beispiel auch eine Fahrt mit der kostenlosen Fähre auf die

Wie ein gestrandeter Wal hebt sich das grüne Nemo-Gebäude aus dem Hafenbecken

Nordseite des IJ oder ein Spaziergang über den Albert-Cuypmarkt in De Pijp.
Auch wer die Highlights der niederländischen Kunstgeschichte sehen möchte, muss in dieser Stadt nicht lange suchen: Rijksmuseum, Van Gogh Museum und Stedelijk Museum, die drei wichtigsten Museen des ganzen Landes, liegen alle an einem Platz, der praktischerweise Museumplein heißt. Aber nicht nur Kunstbegeisterte, sondern auch Handtaschenliebhaber, Hausbootfans und Freunde des Skurrilen kommen in Amsterdams Museen auf ihre Kosten.

DIE STADTVIERTEL IM ÜBERBLICK

MARCO POLO HIGHLIGHTS

★ **ANNE FRANK HUIS**
Hinterhofversteck der Tagebuchschreiberin ➤ S. 39

★ **NIEUWE KERK**
Turmlose gotische Kirche am Dam ➤ S. 36

★ **NIEUWMARKT**
An der Stadtwaage ist immer was los ➤ S. 33

★ **VONDELPARK**
Grünanlage mit Volksfeststimmung ➤ S. 49

★ **GRACHTENRING**
Zeitreise ins 17. Jh. ➤ S. 38

★ **JORDAAN**
Schön klein – mit hutzeligen Häusern und grünen Kanälen ➤ S. 119, 39

★ **ADAM**
Hochhaus mit Schwung ➤ S. 53

★ **BEGIJNHOF**
Oase der Ruhe mitten im Shoppingtrubel ➤ S. 37

★ **WESTERTOREN**
Der Star unter Amsterdams Kirchtürmen wird sogar in Schlagern besungen ➤ S. 40

★ **RIJKSMUSEUM**
Meisterwerke von Rembrandt bis Vermeer ➤ S. 52

★ **VAN GOGH MUSEUM**
Publikumsmagnet sind die „Sonnenblumen" und die „Kartoffelesser" ➤ S. 51

★ **OUDE KERK**
Amsterdams ältestes Gebäude ➤ S. 34

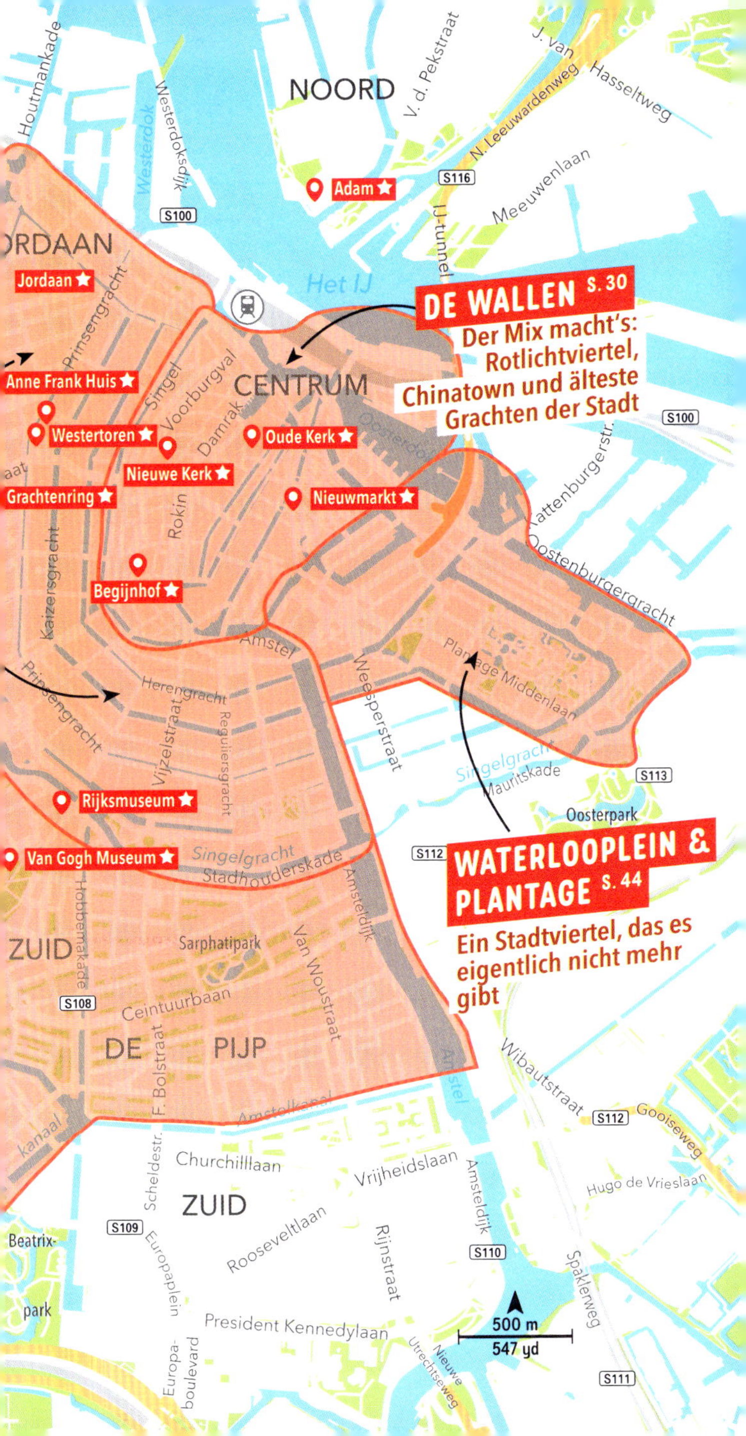
NOORD
ORDAAN
CENTRUM
ZUID
DE PIJP
ZUID
Het IJ
Adam ★
Jordaan ★
Anne Frank Huis ★
Westertoren ★
Nieuwe Kerk ★
Oude Kerk ★
Nieuwmarkt ★
Grachtenring ★
Begijnhof ★
Rijksmuseum ★
Van Gogh Museum ★
DE WALLEN S. 30
Der Mix macht's: Rotlichtviertel, Chinatown und älteste Grachten der Stadt
WATERLOOPLEIN & PLANTAGE S. 44
Ein Stadtviertel, das es eigentlich nicht mehr gibt
Houtmankade
Westerdok
Westerdoksdijk
V. d. Pekstraat
J. van Hasseltweg
N. Leeuwardenweg
Meeuwenlaan
IJ-tunnel
S116
S100
S100
Prinsengracht
Singel
Voorburgwal
Damrak
Rokin
Oosterdok
Kattenburgerstr.
Oostenburgergracht
Kaizersgracht
Amstel
Herengracht
Vijzelstraat
Reguliersgracht
Weesperstraat
Plantage Middenlaan
Singelgracht
Mauritskade
S113
Oosterpark
S112
Singelgracht
Stadhouderskade
Amsteldijk
Hobbemakade
Sarphatipark
Van Woustraat
S108
Ceintuurbaan
F. Bolstraat
Amstel
Wibautstraat
S112
Gooiseweg
Amstelkanaal
kanaal
Scheldestr.
Churchilllaan
Vrijheidslaan
Amsteldijk
Hugo de Vrieslaan
S109
Beatrix-
park
Europaplein
Rooseveltlaan
Rijnstraat
S110
Spaklerweg
President Kennedylaan
500 m
547 yd
Europa-
boulevard
Nieuwe
Utrechtseweg
S111

Willst du mehrere Museen besuchen, lohnt sich der Kauf einer *Museumkaart (MK | museumkaart.nl)*. Die Jahreskarte gewährt freien Eintritt zu den meisten großen Museen der Niederlande. Erwachsene zahlen 64,90 Euro, Besucher bis 18 Jahre 32,45 Euro. Das rechnet sich schon ab vier oder fünf Museumsbesuchen – auch deshalb, weil man mit der Karte nicht Schlange stehen muss. Die Karte kann man in jedem Museum kaufen und sofort benutzen. Bei Museen, die die *Museumkaart* akzeptieren, ist in diesem Reiseführer nach dem Eintrittspreis in Klammern der Hinweis MK ergänzt.

WOHIN ZUERST?

Dam *(📖 F3)*: Idealer Ausgangspunkt, um Amsterdam zu erkunden. Der historische Hauptplatz liegt in einer Achse mit dem Hauptbahnhof. Hier stehen das Nationaldenkmal, der Königliche Palast und die Nieuwe Kerk, hier finden sich das Traditionskaufhaus Bijenkorf sowie der Anfang der Shoppingmeile Kalverstraat. Das nächste Parkhaus liegt zwar im Bijenkorf, günstiger und entspannender ist es aber, die 5 Minuten vom Bahnhof zu laufen oder mit der Straßenbahn zu fahren; die Linien 1, 2, 4, 5, 9, 11, 12, 13, 14, 17 und 24 halten am Dam, die Metrohaltestelle Rokin (Linie 52) ist auch nicht weit.

DE WALLEN

Das mittelalterliche Zentrum Amsterdams De Wallen hat seinen Namen von den vier ältesten Grachten der Stadt: den früheren Stadtgräben Voor- und Achterburgwal, die jeweils die „oude" und „nieuwe zijde" der Stadt umgaben.

Rund um diese Kanäle – von denen nur noch zwei übrig sind, denn die beiden Wasserläufe auf der „neuen Seite" wurden zugeschüttet – liegt heutzutage eins der lebendigsten und umstrittensten Viertel der Stadt, zu dem auch die Rotlichtszene und die Chinatown gehören. Hier gibt es die älteste Kirche und die besten Asiaimbisse, aber auch die schmuddeligsten Ecken Amsterdams. Entsprechend abwechslungsreich ist das Straßenbild: Touristen, Junkies, Amsterdamer Originale, Chinesen, Prostituierte und Studenten tummeln sich zwischen Neonreklamen und Grachtenhäusern. Die wirken hier viel weniger aufgeräumt als im schicken Grachtenring. Entstanden zwischen dem 14. und 16. Jh., als es noch keine strengen Bauvorschriften gab, sind sie mal breit, mal schmal, mal niedrig, mal hoch. Mach mal eine kurze Pause und schau dir die Fassaden oberhalb der Läden an oder flüchte vor der Hektik der Kalverstraat in die Ruhe des Begijnhofs.

1 CENTRAAL STATION

Den schnörkeligen Hauptbahnhof baute 1889 im Neorenaissancestil der Architekt Petrus J. H. Cuypers, der auch das Rijksmuseum entwarf. Getragen wird der „Palast des Reisenden" von über 10 000 Baumstämmen, die in

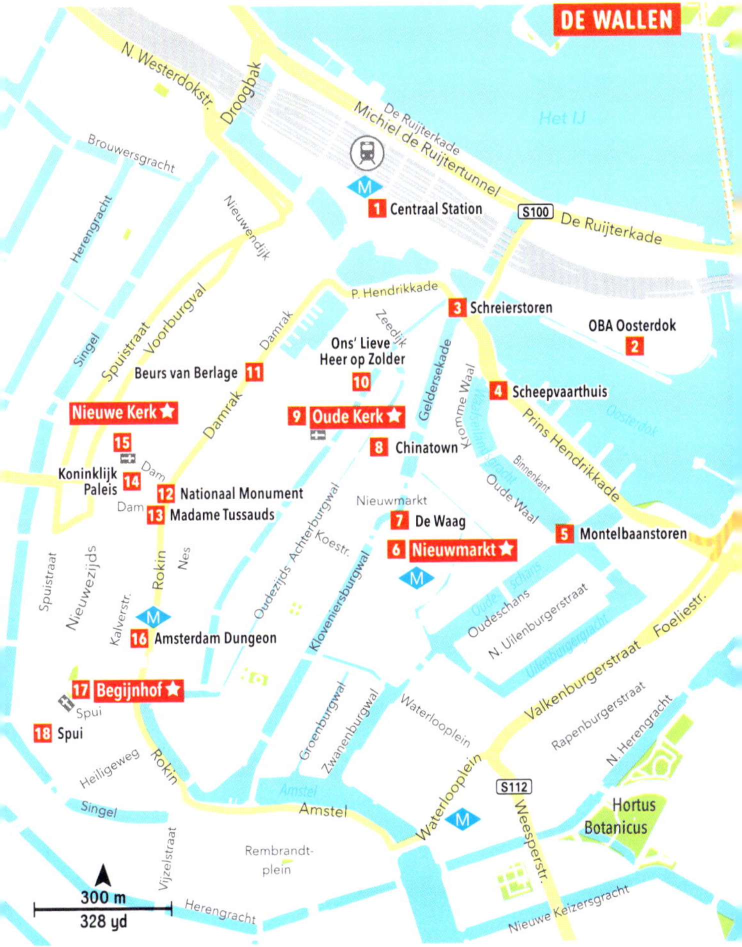

den sandigen Grund gerammt wurden. Seither wurde der Bahnhof mehrfach umgebaut und erweitert. Durchquert man eine der beiden Shoppingpassagen, erreicht man die neue Bahnhofshalle auf der Nordseite, wo sich mehrere Restaurants mit Wasserblick aufreihen, die alles bieten, was der Magen begehrt – von Burgern bis Sushi. Es lohnt sich auch ein Blick in den Fahrradtunnel am westlichen Bahnhofsende, den ein blau-weißes Kachelrelief mit Segelschiffen von der Designerin Irma Boom schmückt. Bei seiner Eröffnung ging 2015 ein kleiner Aufschrei durch die Stadt, denn

INSIDER-TIPP
Delfter Blau im Fahrradtunnel

im Zentrum der Darstellung steht ausgerechnet ein Schiff aus der Konkurrenzstadt Rotterdam. Auf der Rückseite des Bahnhofs legen die kostenlosen Fähren nach Amsterdam-Noord ab. *Abfahrts- und Endpunkt für Metro, Straßenbahnen, Busse, Rundfahrt- und Museumboote* | *c1*

2 OBA OOSTERDOK

Die Zentrale der Amsterdamer Stadtbücherei ist ein echter Besuchermagnet. Der imposante Neubau auf dem Oosterdokseiland ist komplett mit niederländischen Designmöbeln eingerichtet. Im obersten Stock liegt ein gutes Selbstbedienungsrestaurant mit einer Terrasse, die einen wunderschönen Blick über die Altstadt bietet. *Mo–Fr 8–22, Sa/So 10–22 Uhr | Oosterdokskade 143 | 5 Min. Fußweg vom Hauptbahnhof* | *d1*

3 SCHREIERSTOREN

Von den Zinnen des Schreierstoren, eines halbrunden Festungsturms aus dem Jahr 1484, weinten die Frauen der Seefahrer angeblich den auslaufenden Schiffen hinterher. Aber obwohl ein Giebelstein aus dem 17. Jh. diese Geschichte illustriert, stimmt sie nicht.

Ursprünglich hieß der Turm *schreyhoekstoren*, denn beim Turm treffen zwei Kanäle in spitzem Winkel *(schreye hoek)* aufeinander. 1609 segelte Henry Hudson von dem in vielen Gemälden verewigten Turm aus nach Nordamerika, wo er Manhattan entdeckte und New Amsterdam, das spätere New York, gründete. Nach ihm sind der Hudson und die Hudson Bay benannt. Im Turm befindet sich ein gemütliches Café. *Prins Hendrikka-*

Wie eine Filmkulisse von Gotham City: Van der Mey Hall im Scheepvaarthuis

de 94/95 | 5 Min. zu Fuß vom Hauptbahnhof | 🕮 *c1*

4 SCHEEPVAARTHUIS

Auf den ersten Blick sieht es fast wie die Kulisse eines Batman-Films aus: Trutzig und etwas bedrohlich steht das Schifffahrtshaus an der Binnenkade östlich des Hauptbahnhofs. Das reich mit stilisierten maritimen Figuren und Ornamenten verzierte Gebäude von 1916 ist ein frühes Beispiel des Backsteinexpressionismus, der als „Amsterdamer Schule" berühmt wurde. Ursprünglich Sitz der wichtigsten Schifffahrtsgesellschaften, beherbergt es seit 2007 das *Grand Hotel Amrâth*. Auch wenn man kein Hotelzimmer gebucht hat, lohnt sich ein Blick in das prächtige Treppenhaus mit schmiedeeisernen Verzierungen und aufwendigem Glasdach. *Prins Hendrikkade 108–114 | 5 Min. Fußweg vom Hauptbahnhof |* 🕮 *d2*

INSIDER-TIPP
Gut behütete Pracht

5 MONTELBAANSTOREN

Das hübsche Türmchen ist eins der beliebtesten Fotomotive der Stadt. Im 16. Jh. wurde es als Verteidigungsturm an der Gracht Oude Schans errichtet, die damals die Stadtgrenze bildete. Angeblich begannen die Glocken des Turms gerne einmal zu unvorhergesehenen Zeiten einfach zu läuten, was dem Turm den Beinamen „Malle Jaap" („Verrückter Jakob") einbrachte. Seit 1878 kontrollieren Amsterdams Wasserwerke von hier aus Wasserstand und Durchspülung der Grachten. *Oudeschans 2 | Metro 51, 53, 54 Nieuwmarkt |* 🕮 *d2*

6 NIEUWMARKT ★

Rund um die alte Stadtwaage, zwischen Rotlichtviertel und Chinatown, erstreckt sich der Nieuwmarkt. Unzählige Kneipen und Cafés säumen den Platz. Die Stühle der Terrassen sind allesamt so ausgerichtet, dass man das lebhafte Geschehen beobachten kann. Tagsüber hat man die Marktbuden im Blick, abends die Menschenmassen, die sich in Richtung Rotlichtviertel schieben. Im Sommer ist der weitläufige Nieuwmarkt der perfekte Ort, um noch kurz vor Sonnenuntergang mit einem Glas Wein in der Hand ein paar Sonnenstrahlen zu erhaschen. *Metro 51, 53, 54 Nieuwmarkt |* 🕮 *c2*

7 DE WAAG

Mitten auf dem Nieuwmarkt steht das älteste weltliche Bauwerk ganz Amsterdams: die ehemalige Stadtwaage, die heute Sitz eines Instituts für neue Medien und eines Caférestaurants ist. Im Jahr 1488 als Stadttor erbaut, wurde sie im 17. Jh., als der Grachtenring entstand, zur Waage umfunktioniert. Solche Stadtwaagen gab es in allen holländischen Städten. Händler konnten dort ihre Käselaibe und andere Waren auf geeichten Waagen wiegen lassen und sicher sein, dass sie nicht beschummelt wurden. Unter dem Dach des Gebäudes richtete die Chirurgengilde damals ein sogenanntes *Anatomisches Theater* ein, das bis heute noch vollständig erhalten ist. Allerdings ist es nur bei Veranstaltungen des Medieninstituts zugänglich. In diesem Anatomischen Theater entstand nach einer der vielen öffentlichen Sektionen übrigens Rembrandts

In den schmalen Gassen Klein-Chinas feiert die Gemeinde auch ihre traditionellen Feste

berühmtes Gemälde „Anatomie des Dr. Tulp" (1632), das heute im Museum Het Mauritshuis in Den Haag zu sehen ist. *Metro 51, 53, 54 Nieuwmarkt* | *c2*

8 CHINATOWN

Das Klein-China von Amsterdam erstreckt sich rund um Zeedijk und Nieuwmarkt. Zu Beginn des 20. Jhs. kamen viele Chinesen als Matrosen in die Grachtenstadt, manche blieben und holten ihre Familien nach. Noch heute bilden die Chinesen eine enge Gemeinschaft, die ihre Traditionen pflegt. In der Chinatown findet man authentische chinesische Restaurants, in deren Fenstern Pekingenten baumeln, aber auch chinesische Bäckereien, Arztpraxen und kleine Designerlabels. Quietschbuntes Tüpfelchen auf dem i ist der buddhistische *Fo-Gu-ang-Shan-He-Hua-Tempel (Di, Do, Sa 13–15 Uhr | Zeedijk 106–118 | Metro 51, 53, 54 Nieuwmarkt)*, den man gratis besichtigen kann. *c2*

9 OUDE KERK ★

Die älteste Kirche Amsterdams wurde um 1300 gebaut und steht mitten im Rotlichtviertel. Dicht drängen sich die Häuser um die Kirche, und was sich in ihnen abspielt, könnte kaum typischer für die Grachtenstadt sein: Da schlürfen Hipster im Café ihren Soja-Latte, daneben sitzen leicht bekleidete Damen in rot beleuchteten Schaufenstern, und nur ein Haus weiter befindet sich ein Kindergarten. Die Kirche selber ist ein Flickenteppich verschiedener Baustile; bereits ab 1350 wurde sie ständig umgebaut und erweitert.

Im 15. Jh. baute man mehrere Kapellen an, im 16. Jh. wurden Hauptschiff und Turm erhöht. Heute gibt es in der Kirche Konzerte und wechselnde Ausstellungen mit moderner Kunst. *Mo–Sa 10–18, So 13–17.30 Uhr | Eintritt 12 Euro (MK) | Oudekerksplein 23 | oudekerk.nl | Tram 4, 14, 24 Dam | c2*

10 ONS' LIEVE HEER OP ZOLDER

Von außen lässt sich nicht erahnen, was sich in diesem alten Grachtenhaus im Rotlichtviertel versteckt. In den unteren Stockwerken scheint es ein ganz normales Kaufmannshaus aus dem 17. Jh. zu sein. Klettre treppauf, treppab durch das verwinkelte Grachtenhaus, um einen Eindruck davon zu bekommen, wie Kaufleute im Goldenen Zeitalter lebten. Die eigentliche Attraktion versteckt sich jedoch erst ganz oben, unter dem Dach. Dort liegt eine dreigeschossige katholische *Geheimkirche,* die 1661 eingerichtet wurde – komplett mit Hochaltar und zwei Galerien. Weil die herrschenden Kalvinisten den Katholiken verboten hatten, ihren Glauben öffentlich zu praktizieren, mussten die Kirchgänger sich durch einen Seiteneingang in das Grachtenhaus schleichen. *Mo–Fr 10–17, Sa 13–18 Uhrr | Eintritt 15,50 Euro (MK) | Oudezijds Voorburgwal 38 | opsolder.nl | Tram 4, 14, 24 Dam | c2*

11 BEURS VAN BERLAGE

Wie eine Trutzburg thront der Backsteinbau am Damrak; sein hoher Turm ist schon von Weitem zu sehen. Die Börse wurde 1897–1903 nach Plänen des Architekten Hendrik Petrus Berlage gebaut und gilt dank ihrer schnörkellosen Fassaden und sichtbaren Konstruktion als Grundstein der modernen Architektur in den Niederlanden.

Den Auftraggebern gefiel die neue Börse jedoch zunächst gar nicht: Sie wollten lieber ein repräsentatives Gebäude im Neorenaissancestil ähnlich dem Rijksmuseum oder dem Hauptbahnhof haben. Aber gerade von dieser historisierenden Architektur wollte sich Berlage unterscheiden. Er lud Künstlerfreunde ein, das Gebäude mit zeitgenössischen Ornamenten und Kunstwerken zu dekorieren. Wandmalereien, Skulpturen, Ziergitter und Sinnsprüche ergänzen die wuchtige Architektur und machen die Börse zu einem Gesamtkunstwerk. Heute ist das Gebäude nur noch bei Veranstaltungen zugänglich. Einen Eindruck von der Pracht, die sich im Inneren versteckt, vermitteln die glasierten Backsteinreliefs im *Bistro Berlage (tgl. | bistroberlage.nl).* Auf der gegenüberliegenden Straßenseite solltest du einen Blick in die hell beleuchtete *Beurspassage* werfen. Sie wurde 2016 vom Künstlerduo Arno Coenen und Iris Roskam gestaltet: Die Ornamente wirken historisch, aber bei genauem Hinsehen ist der Kronleuchter aus alten Fahrrädern gemacht und die Wandleuchten stellen Pommestüten dar. *beursvanberlage.nl | Tram 4, 14, 24 Dam | b2*

INSIDER-TIPP
Wenn den Pommes ein Licht aufgeht

12 NATIONAAL MONUMENT

Auf dem Dam, gegenüber dem Palast, steht das Nationaldenkmal. Der 1956 eingeweihte, 22 m hohe Obelisk ist

Mahnmal für die Opfer der deutschen Besatzung und Monument der Befreiung und des Friedens. 1995 kam es zu einem kleinen Skandal, als das Denkmal restauriert werden musste und sich einzig eine deutsche Firma als fachkundig erwies. *Tram 4, 14, 24 Dam | b2*

13 MADAME TUSSAUDS

Wer immer schon mal neben Rembrandt, Kylie Minogue oder König Willem-Alexander stehen wollte und bereit ist, dafür viel Geld auszugeben, kommt hier seinem Traum recht nahe. Wachsfiguren von Stars, Celebrities und Prominenten aller Bereiche – mal mehr, mal weniger lebensecht. *Tgl. 10–18 Uhr | Eintritt 25 Euro | Dam 20 | Tram 2, 4, 11, 12, 13, 14, 17, 24 Dam | 1 Std. | b2*

14 KONINKLIJK PALEIS

Der schlichte, graue Bau am Dam mit seinen verhängten Fenstern sieht von außen nicht allzu königlich aus. Respektlose Zungen bezeichnen ihn auch als „größte Abstellkammer Hollands". Er war jedoch ursprünglich nicht als Palast, sondern als Rathaus konzipiert. Errichtet wurde das klassizistische Gebäude nach Plänen von Jacob van Campen zwischen 1648 und 1655. 13 659 Pfähle mussten in den Boden gerammt werden, um den imposanten Bau aus Bentheimer Stein tragen zu können, dessen Hauptfassade ein gewaltiger Fries mit Seeungeheuern ziert. Im Inneren lockt vor allem der riesige, üppig dekorierte Bürgersaal. Eine Gänsehaut kannst du dir in der Vierschaar holen: In diesem sehr viel kleineren, aber nicht minder dekorativen Raum wurden früher die Todesurteile ausgesprochen. Erst 1930 trat die Stadt das Rathaus an die Krone ab. Die Hauptresidenz der Oranier liegt aber in Den Haag – der König hält sich nur zu Empfängen im Amsterdamer Palast auf, der dann nicht zu besichtigen ist. Aktuelle Öffnungszeiten unter *paleisamsterdam.nl* oder *Tel. 020 6 20 40 60 | Eintritt 12,50 Euro (MK) | Tram 1, 2, 4, 5, 9, 13, 14, 16, 17, 24 Dam | 1 hStd. | a–b2*

15 NIEUWE KERK ★

Die imposante Nieuwe Kerk am Dam ist Amsterdams berühmteste Kirche. So neu wie ihr Name es vermuten lässt, ist sie jedoch nicht. Der Bau des spätgotischen Gotteshauses begann im 15. Jh., als die Stadt über die erste Befestigungsanlage hinausgewachsen und die Oude Kerk zu klein geworden war. Ihre heutige Form erhielt sie nach mehreren Bränden und Renovierungen um 1540. Nur 38 Jahre später entfernten die Protestanten während des Bildersturms sämtliche Statuen und Altäre, sodass ihr Inneres heute einen recht nüchternen Anblick bietet. Größter Blickfang in der Kirche ist die mit aufwendigen Schnitzereien verzierte Kanzel, deren Anfertigung den Bildhauer Albert Jansz Vinckenbrinck fünfzehn Jahre kostete.

Die Nieuwe Kerk hat keinen Turm. Zwar wurde 1565 ein Fundament dafür gelegt, aber politische Unruhen und der Bildersturm verhinderten den Bau. Als die Zeiten wieder friedlicher wurden, war die Stadtregierung gegen einen Turm, der die Kuppel des neuen Rathauses (des heutigen Palasts) an Höhe

Königspalast mit bürgerlichen Wurzeln: Bürgersaal im einst als Rathaus gebauten Schloss

übertroffen hätte – eine Anekdote, die Bände spricht über die Machtverhältnisse in Amsterdam. Als Kompromiss verlegte man deshalb das Rathaus so weit nach hinten, dass nun zumindest das hohe Querschiff an den Platz grenzt. Heute wird die Kirche als Ausstellungsraum genutzt, die Bandbreite reicht von muslimischer Kunst bis hin zu Marilyn Monroe. Außerdem werden in der Nieuwe Kerk noch immer die niederländischen Könige und Königinnen gekrönt, so auch König Willem-Alexander 2013. *Tgl. 10–18 Uhr | Eintritt je nach Ausstellung | Dam | nieuwekerk.nl | Tram 2, 4, 11, 12, 13, 14, 17, 24 Dam | b2*

16 AMSTERDAM DUNGEON

Für Freunde des Makabren: Gruselausstellung über die dunklen Seiten der Amsterdamer Geschichte, inklusive englischsprachiger Liveshow und Geisterbahnfahrt. Es gibt auch günstige Kombitickets mit Madame Tussauds. *Tgl. 11–17 Uhr | Eintritt 22 Euro | Rokin 78 | the-dungeons.nl | Metro 52, Tram 4, 14, 24 Rokin | 2 Std. | b3*

17 BEGIJNHOF ★

Eine Oase der Ruhe in der betriebsamen Innenstadt – jedenfalls, wenn man unter der Woche kommt und gerade keine Busladung Touristen den Hof bevölkert. Weiß gestrichene Häuser scharen sich um ein Kirchlein und ein paar Kastanienbäume, die winzigen Vorgärten sind liebevoll bepflanzt. Als er 1346 gegründet wurde, lag der Begijnhof am Rand der Stadt. Hier wohnten alleinstehende Frauen, die in religiöser Gemeinschaft leben, aber keine Nonnen werden wollten. Sie widmeten sich v. a. der Altenpflege.

Zwei Feuersbrünste zerstörten den Hof im 15. Jh. fast vollständig; die heutige Bebauung stammt größtenteils aus dem 17. Jh. Das Haus mit der Nummer 34 wurde dagegen bereits um 1470 errichtet und soll das älteste Holzhaus der Niederlande sein. Gegenüber der englisch-presbyterianischen Kapelle versteckt sich in eine katholische *Geheimkirche* aus dem 17. Jh., die durch die Zusammenlegung zweier Wohnhäuser entstanden ist. Auf dem Begijnhof wohnen noch heute etwa 100 Personen – die letzte Begine verstarb jedoch 1971. *Di–Fr 13–16 Uhr | Eingänge Spui und Kalverstraat | Metro 52, Tram 4, 14, 24 Rokin oder Tram 2, 11, 12 Spui | 30 Min. | a3*

INSIDER-TIPP
Suchspiel: Wo ist die Kirche?

18 SPUI

Umringt von Traditionskneipen wie dem *Café Luxembourg*, *Zwart* und dem 1670 eröffneten *Café Hoppe* mit schummrigem Holzinterieur und Sand auf dem Boden, gilt der Spui als urigster Platz der Stadt. Freitags findet hier ein *Büchermarkt* statt. *Tram 2, 11, 12 Spui | a3*

INSIDER-TIPP
Sandbar statt Strandbar

GRACHTENRING & JORDAAN

Der komplett erhaltene historische ★ Grachtenring ist im wahrsten

Stillleben mit Begine: heute nur noch als Standbild, denn die letzte verstarb 1971

Sinn des Wortes die größte Sehenswürdigkeit Amsterdams.
Halbkreisförmig legen sich der alte Stadtgraben Singel sowie die Heren-, Keizers- und Prinsengracht und zahllose kleinere Quergrachten um das mittelalterliche Stadtzentrum.
Im frühen 17. Jh. war Amsterdam dank des Überseehandels zu einer der wohlhabendsten Städte Europas geworden. Der Beginn des Goldenen Zeitalters ging mit einer Bevölkerungsexplosion einher: Innerhalb von nur 50 Jahren vervierfachte sich die Einwohnerzahl, der alte Stadtkern wurde zu eng, und man legte den Grachtenring an, eine der spektakulärsten städtebaulichen Unternehmungen jener Zeit. Erstaunlich ist, dass die Grachten sehr großzügig angelegt und sogar mit Bäumen bepflanzt wurden. Reiche Kaufleute ließen an den Wasserwegen ihre neuen Wohn- und Lagerhäuser errichten. Allerdings waren Grundstücke an den Grachten teuer. Kaufpreis und Besteuerung orientierten sich an der Breite der Parzelle, daher fielen die meisten Häuser schmal, aber tief aus. Um 1680 war das Projekt vollendet und der Grachtenring von einem Verteidigungsgraben umschlossen, der sich an der Stelle der heutigen Stadhouderskade befand. Heute ist der Grachtenring mit seinen großen, alten Herrenhäusern noch immer eine der schicksten Adressen Amsterdams.
Weniger mondän, aber nicht weniger pittoresk ist das frühere Armenviertel ★ *Jordaan*, das etwa zur selben Zeit wie der Grachtenring entstand. Wo im 17. Jh. Handwerker und Bedienstete lebten, wohnen heute viele Intellektuelle und Künstler, residieren zahlreiche Galerien und Designateliers und herrscht eine beinahe dörfliche Atmosphäre.

19 NOORDERKERK

Schwer vorzustellen, aber: Bei ihrer Eröffnung stand die Noorderkerk mitten in einem Neubauviertel. Heute liegt sie an einem der lauschigsten und altertümlichsten Plätze Amsterdams, dem Noordermarkt. An der Rückseite drücken die Häuser sich eng an die Kirche; keine einzige Straße läuft im rechten Winkel auf sie zu. Die 1623 fertiggestellte Kirche ist ein typisch protestantischer Zentralbau, in dessen Mittelpunkt die Kanzel steht. *Sa und Mo 10.30–12.30 Uhr | Noordermarkt 44 | 10 Min. Fußweg vom Hauptbahnhof* | *F2*

20 ANNE FRANK HUIS ★

„Liebe Kitty…": Jedes Schulkind kennt die Worte, mit denen Anne Franks Tagebucheinträge anfingen. Das jüdische Mädchen versteckte sich im Zweiten Weltkrieg zwei Jahre lang mit seiner Familie in diesem Hinterhaus an der Prinsengracht – um im letzten Moment doch noch deportiert zu werden und schließlich in Bergen-Belsen zu sterben. Heute sitzen in dem Haus die Anne-Frank-Stiftung sowie das zugehörige Museum. Durch eine Geheimtür gelangt man in das Hinterhaus und die kleine Wohnung, in der die Familie hausen musste. Wegen des großen Andrangs ist das Haus nur noch mit Onlinetickets zugänglich, die lange im Voraus gebucht werden müssen. Jeden ersten Dienstag im Monat werden die Tickets für den folgenden Monat freigeschaltet. *Tgl. 9–22 Uhr, Jom Kippur geschl. | Eintritt 14 Euro | Prinsengracht 263 | annefrank.org | Tram 13, 17 Westermarkt | 2 Std. | F3*

21 WESTERKERK

Bei ihrer Fertigstellung 1631 war die Westerkerk, entworfen von Hendrick de Keyser, die größte protestantische Kirche der Welt. Im Inneren zeigt sie sich als lichtdurchflutete, weiße Hallenkirche mit dezenten Ornamenten im Renaissancestil. Irgendwo in der Kirche ist Rembrandt begraben – da er aber ein Armengrab erhielt, ist der genaue Ort unbekannt. Außen schmiegen sich sogenannte *pothuisjes* an die Mauern: kleine Anbauten, in denen die Kirchengänger früher wärmende Stövchen abholen konnten. Heute beherbergen sie Souvenirwinkels.

Berühmter als die Kirche selbst ist allerdings der ★ *Westertoren*, ihr 85 m hoher Turm, von den Amsterdamern liebevoll „Oude Wester" genannt. Der Turm ist das Wahrzeichen des Jordaan-Viertels und wird sogar in vielen Schlagern besungen. Unter seiner Kaiserkronenkuppel hängt ein Glockenspiel mit 49 Glocken. *Besichtigung Mo–Sa 10–15 Uhr, Glockenspiel Di 12–13 Uhr | Eintritt 8 Euro | Prinsengracht 281/Westermarkt | Tram 13, 17 Westermarkt | F3*

Sightseeing am Grachtenring – am allerbesten per Boot

22 HOMOMONUMENT

Drei rostrote Marmorplatten auf dem Platz vor der Westerkerk waren 1987 das erste Schwulendenkmal der Welt. Es erinnert an alle aufgrund ihrer Homosexualität Verfolgten, in erster Linie an die Opfer der deutschen Besatzung. *Tram 13, 17 Westermarkt | F3*

23 HAUS BARTOLOTTI

Eins der ungewöhnlichsten Häuser im Grachtenring steht im Bogen der Keizersgracht und hat deshalb eine konkav gebogene Fassade. Im Inneren entpuppt es sich als Doppelhaus. Die rechte Hälfte ist als Museumshaus für Besucher geöffnet. Zu sehen gibt es einen Rokoko-Saal, aber auch die historische Küche. *Mi–So 10–17 Uhr | 8 Euro | Herengracht 170 | museumhui*

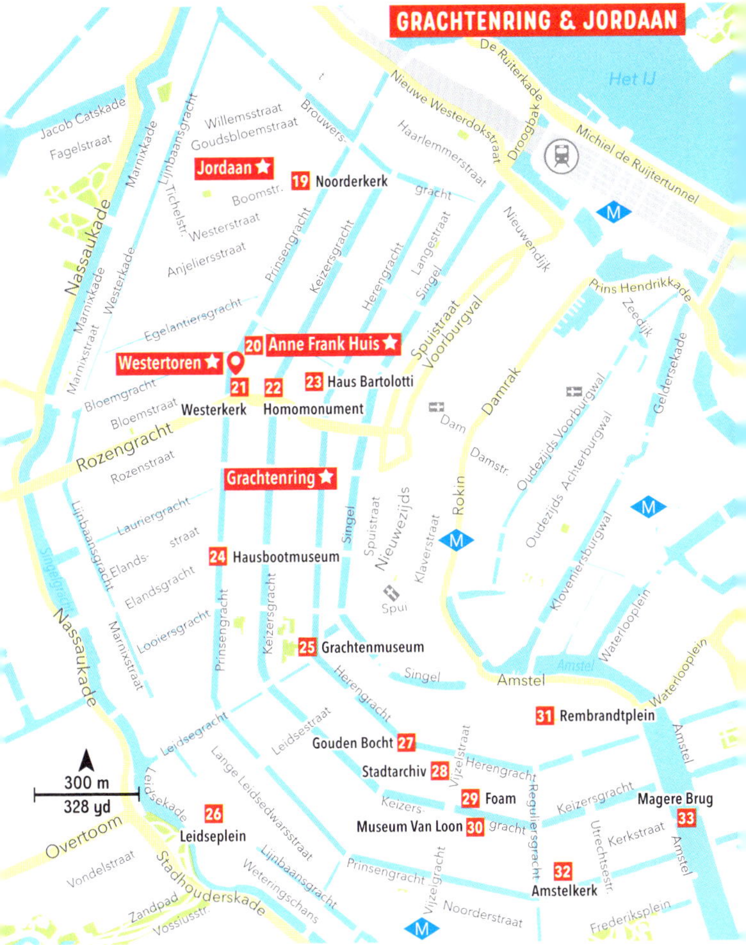

zen.nl/en/bartolotti-house | Tram 13, 17 Dam | *a2*

24 HAUSBOOTMUSEUM

An Bord des alten Frachtkahns Hendrika Maria auf der Prinsengracht kann man am eigenen Leib erfahren, wie es sich auf einem Hausboot lebt. Wie wird es beheizt? Was passiert mit dem Abwasser? Ist es dunkel im Schiffsbauch? *Di–So, Juli/Aug. auch Mo 10–17 Uhr | Eintritt 4,50 Euro | Prinsengracht 296 k | houseboatmuseum.nl | Tram 5, 7, 19 Elandsgracht | 30 Min. |* *E–F4*

25 GRACHTENMUSEUM

Im 1663 von Philip Vingboons gebauten Kaufmannshaus erlebt man hautnah die Planung und Entstehung des Grachtenrings, inklusive historischer Stadtpläne, anschaulicher Grachtenhäuser im Puppenhausmaßstab und einem Stadtmodell. *Di–So 11–17 Uhr | 15 Euro (MK) | Herengracht 386 | grachten.museum | Tram 2, 11, 12 Koningsplein | 1 Std. | a4*

26 LEIDSEPLEIN

Wer Trubel sucht, ist hier richtig: Straßenbahnen klingeln, Touristen tummeln sich in den Kneipen, Neonreklamen blinken, Straßenmusiker sorgen für Unterhaltung. Der Leidseplein liegt im Herzen der Stadt und ist umgeben von Kinos, Theatern, Cafés und Restaurants. Vor allem am Wochenende ist hier abends die Hölle los. Den besten Blick auf das Getümmel hat man vom Balkon der Stadsschouwburg aus. *Tram 1, 2, 7, 11, 12, 19 Leidseplein | E5*

INSIDER-TIPP
Ausguck über dem Leidseplein

27 GOUDEN BOCHT

Zwischen Leidsestraat und Vijzelstraat liegt der „goldene Bogen" der Herengracht. Den Beinamen trägt er nicht umsonst: Die Häuser an diesem Grachtabschnitt sind deutlich größer und prunkvoller als die meisten anderen Grachtenbauten. Sie wurden recht spät im 17. Jh. gebaut, als viele Kaufleute bereits zu reichen Bankiers geworden waren und sich doppelte Parzellen leisten konnten. Das neue Schönheitsideal waren klassizistische, symmetrische Häuser mit einem zentralen Eingangsportal. Im Inneren sind viele wahre Paläste, mit aufwendigen Marmorverkleidungen und Stuckdekorationen.

Neugierig geworden? Bei Nummer 502 sollte man Abstand halten, denn dort wohnt die Bürgermeisterin. Aber bei Nummer 672 ist Reinschauen sogar erwünscht, denn dort befindet sich das *Museum Van Loon* (s. u.). *Metro 52 Vijzelstraat, Tram 24 Prinsengracht | a-b4*

28 STADTARCHIV

Das Amsterdamer Stadtarchiv sitzt in einem riesigen Bankgebäude aus den 1920er-Jahren. Durch die kleine Eingangstür gelangt man in eine erstaunlich große, lichtdurchflutete Passage mit Buchladen und einer Multimedia-Präsentation über den Grachtenring. Auch die wechselnden Ausstellungen und das Café sind einen Besuch wert. Im Untergeschoss liegt der ägyptisch anmutende ehemalige Tresorraum. *Di–Fr 10–17, Sa/So 12–17 Uhr | Vijzelstraat 32 | amsterdam.nl/stadsarchief | Tram 24 Muntplein | F5*

INSIDER-TIPP
Ägypten im Keller

29 FOAM

Wer zeitgenössische Fotokunst mag, sollte das Fotografiemuseum nicht verpassen, das in einem Grachtenhaus aus dem 19. Jh. sitzt und wechselnde Ausstellungen über alle Aspekte der Fotografie zeigt. Nach dem Ausstellungsbesuch lockt ein Stück Quiche oder Kuchen im Café im Souterrain. *Sa–Mi 10–18, Do/Fr 10–21 Uhr | Eintritt 12,50 Euro (MK) | Keizersgracht 609 | foam.nl | Tram 16, 24 Keizersgracht | G5*

30 MUSEUM VAN LOON

Wie lebte eine Patrizierfamilie im 17. oder 18. Jh.? Das kannst du in diesem prachtvollen Grachtenhaus erfahren. 1671 im Auftrag eines reichen Kaufmanns gebaut, gehörte das Haus zeitweise auch dem Rembrandt-Schüler Ferdinand Bol. 1884 erwarb die Kaufmannsfamilie Van Loon das schöne Haus. Empfangsräume, Salons, Speisesäle und Schlafgemächer sind zu besichtigen.

Ein Relikt aus vergangenen Zeiten ist auch der barocke *Grachtengarten*, an dessen Ende das ehemalige Kutschhaus steht. *Tgl. 10–17 Uhr | Eintritt 12,50 Euro (MK) | Keizersgracht 672 | Metro 52, Tram 24 Vijzelstraat | 30 Min. |* G5

Museum van Loon: So lebte ein wohlhabender Patrizier

31 REMBRANDTPLEIN

In den 1920er-Jahren traf sich am Rembrandtplein die Künstlerszene. Heute treffen sich hier Touristen und Nachtschwärmer, denn rund um das Rembrandt-Standbild ist immer etwas los.

INSIDER-TIPP
Zeitreise in die Zwanziger

Zwanziger-Jahre-Flair findet man aber noch immer im historischen *Café Schiller* bei Nr. 24a (nicht verwechseln mit der benachbarten Brasserie Schiller!). *Tram 4, 14 Rembrandtplein |* b4

32 AMSTELKERK

Bekanntlich hält nichts länger als ein Provisorium: Die hölzerne Amstelkerk wurde 1669 gebaut, als es im neuen Grachtenring noch an Kirchen mangelte, und sollte später durch einen Steinbau ersetzt werden – was aber nie geschah. Stattdessen steht auf dem Amstelveld noch immer eine schlichte, turmlose weiße Kirche, die von außen fast an einen Stall erinnert. Ihr baumbestandener Vorplatz mit Café-Terrasse und Spielplatz ist aber einer der lauschigsten Plätze von Amsterdam. Montagsvormittags findet dort ein Blumen- und Pflanzenmarkt ohne Touristenaufschläge statt. *Amstelveld 10 | Tram 4 Prinsengracht |* G5

33 MAGERE BRUG

Die Magere Brug sieht aus, als wäre sie einem Gemälde von Van Gogh entsprungen. Besonders schön ist die bekannteste Brücke Amsterdams abends, wenn sie festlich beleuchtet wird. *Kerkstraat | Tram 4 Prinsengracht | Metro 51, 53, 54 Waterlooplein |* G5

WATERLOOPLEIN & PLANTAGE

Um den *Waterlooplein* erstreckt sich das ehemalige Judenviertel, dessen Bewohner im Zweiten Weltkrieg größtenteils deportiert und umgebracht wurden. Geblieben ist nur das Wort *Mokum* – jiddisch für Heimat und noch heute Spitzname von Amsterdam.

Schlanke Silhouette, üppige Beleuchtung: Magere Brug

Ab dem 17. Jh. zog es viele Juden in die toleranten Niederlande. Neben den aschkenasischen (deutschstämmigen) Juden lebten im Amsterdamer Judenviertel auch viele sephardische (portugiesischstämmige) Juden. Im Zweiten Weltkrieg bereiteten die Nazis dem florierenden jüdischen Leben ein jähes Ende. Nur 6000 Amsterdamer Juden überlebten das NS-Regime. Übrig geblieben sind mehrere Synagogen und einige Diamantschleifereien.

An das ehemalige jüdische Viertel schließt sich im Osten das noblere, grüne Wohnviertel *De Plantage* an. Als der Grachtenring im 17. Jh. von West nach Ost angelegt wurde, gelangte man nicht über die Amstel hinaus. Östlich vom Fluss lagen stattdessen Gärten und Schiffswerkstätten, die erst im 19. Jh. durch ein großbürgerliches Wohnviertel und das Zollzwischenlager Entrepotdok ersetzt wurden. Heute zieht es Besucher vor allem wegen des Botanischen Gartens oder des Zoos ins grüne Wohnviertel.

34 NEMO SCIENCE MUSEUM

Über der Einfahrt zum IJ-Tunnel steht das walfischförmige, unübersehbar grüne Nemo-Gebäude vom Stararchitekten Renzo Piano. Es beherbergt ein Wissenschaftsmuseum zum Anfassen und Mitmachen für Kinder. Highlight ist die Kettenreaktion, die mehrmals

täglich vorgeführt wird. *Di–So 10–17.30 Uhr | Eintritt ab 4 Jahre 17,50 Euro (MK) | Oosterdok 2 | nemosciencemuseum.nl | 10 Minuten Fußweg vom Hauptbahnhof | 2 Std. | H3*

35 SCHEEPVAARTMUSEUM

Jede Menge Schiffsmodelle, alte Navigationsgeräte, Karten und Gemälde lassen im einstigen Marinearsenal aus dem 17. Jh. die glanzvolle Geschichte der niederländischen Seefahrt lebendig werden – eine der größten Schifffahrtssammlungen der Welt übrigens. Außerdem bietet das Museum drei interaktive Themenausstellungen über den Walfang, das Goldene Zeitalter und den Amsterdamer Hafen der Gegenwart, die vor allem bei Kindern gut ankommen. Das gilt auch für den Nachbau des Ostindienfahrers „Amsterdam", der neben dem Museum im Oosterdok liegt. Auf der „Amsterdam" erleben Groß und Klein hautnah, wie Matrosen im 18. Jh. lebten. Viel von der Welt hat das Original des Schiffs allerdings nicht gesehen – es sank auf seiner Jungfernfahrt im Sturm vor der englischen Küste. *Tgl. Di–So 10–17 Uhr | Eintritt 17,50 Euro (MK) | Kattenburgerplein 1 | scheepvaartmuseum.nl | Bus 22, 48 Kadijksplein | 2 Std. | J4*

INSIDER-TIPP
Schiff ahoi!

36 ARTIS

Der Amsterdamer Zoo ist zwar nicht groß, aber dafür alt und sehr schön angelegt. Höhepunkte sind das Schmetterlingshaus, die Seehundfütterung und das alte Aquarium. Eins der Becken bietet einen unerwarteten Einblick: Es bildet den Mikrokosmos einer Amsterdamer Gracht nach, inklusive Fahrrad- und Autowrack, aber auch Plastikmüll. Auf der Lemureninsel hüpfen die Halbaffen ebenso frei herum wie die Schmetterlinge durchs Schmetterlingshaus flattern. *Nov.–Feb. 9–17, März–Okt. 9–18 Uhr | Eintritt 25 Euro, Kinder bis 3–12 Jahre 21 Euro, darunter frei | Plantage Kerklaan 38–40 | artis.nl | Tram 14 Artis | 3 Std. | H4*

INSIDER-TIPP
Amsterdamer Unterwasserwelt

37 MICROPIA

Igitt, mag man zunächst denken – ein Museum über Mikroben, wer will sich das denn antun? Aber wenn man den Kleinstlebewesen nahe genug kommt, erweisen sie sich auf einmal als echte Schönheiten. Schimmelpilze, Mikroalgen, Bakterien und Viren sind Thema des spannenden Museums, in dem Kinder ab etwa 8 Jahren viel Neues lernen können. *Tgl. 10–17 Uhr | Eintritt 17,50 Euro, Kinder bis 12 Jahre frei, auch Kombitickets mit dem Zoo | Plantage Kerklaan 38–40 | micropia.nl | Tram 14 Artis | 1 Std. | H4*

38 GROOTE MUSEUM

Das Groote Museum widmet sich wirklich großen Fragen: Wo kommen wir her? Was macht uns zu dem, was wir sind? Wie stehen Menschen, Tiere und Pflanzen miteinander in Verbindung? In den zwei historischen Museumssälen wartet eine interaktive Ausstellung, in der es sehr viel anzuschauen, anzuhören und anzuklicken gibt. Man braucht allerdings gute Englischkenntnisse. Geeignet ab ca. 12 Jahren. *Tgl. 10–18 Uhr | Eintritt 17,50 Euro (MK), Kinder bis 12 Jahre frei | Plantage Middenlaan 41 | grootemuseum.nl | Tram 14 Artis | 2 Std. | H4*

39 HORTUS BOTANICUS

Zeitreise und Pflanzenkunde in einem: Der Hortus ist einer der ältesten botanischen Gärten der Welt. Schon vor mehr als 300 Jahren pflanzten holländische Ärzte an diesem Ort die ersten exotischen Kräuter an, die Kaufleute und Seefahrer von ihren Reisen in die Ferne mitgebracht hatten. Auf dem Gebiet der Tropenmedizin waren sie ihren europäischen Kollegen des-

halb bald um eine Nasenlänge voraus. Besonders schön sind das alte Palmenhaus und das futuristische neue Gewächshaus. Im *Hortuswinkel* gibt es Blumenzwiebeln und Setzlinge seltener Pflanzen. *Tgl. 10–17 Uhr | Eintritt 12 Euro | Plantage Middenlaan 2 | dehortus.nl | Tram 14 Mr. Visserplein | ⏲ 1 Std. | 🕮 d4*

40 HOLOCAUST NAMENMONUMENT

Wirklich beeindruckend: In diesem Monument, entworfen vom Stararchitekten Daniel Libeskind, sind die Namen aller 102.220 Juden, Sinti und Roma verewigt, die aus den Niederlanden deportiert und ermordet wurden. Zwischen den Backsteinmauern der begehbaren Skulptur laufen einem unweigerlich Schauer über den Rücken. Aus der Vogelperspektive betrachtet bilden die zickzackförmigen Mauern die hebräischen Worte „Im Gedenken an". *Tgl. 8–21 Uhr | Eintritt frei | Weesperstraat/Nieuwe Herengracht | Metro 51, 53, 54 Waterlooplein | 🕮 d4*

41 AMSTERDAM MUSEUM

Da sein Stammsitz in der Innenstadt bis 2025 renoviert wird, ist das Amsterdam Museum vorerst in einem Flügel der früheren Hermitage zu finden. Zu sehen gibt es eine chronologische Geschichte der Stadt, aber auch Beiträge von zeitgenössischen Künstlern – vom ältesten Stadtplan bis hin zu neuer Street Art. *Tgl. 10–17 Uhr | Eintritt 18 Euro (MK) | Amstel 51 | amsterdammuseum.nl | Metro 51, 53, 54 Waterlooplein | ⏲ 1 Std. | 🕮 d4*

Das berührende Holocaust Namenmonument holt die vielen Opfer aus ihrer Anonymität

42 JOODS MUSEUM

Mitten im früheren Judenviertel liegt das Jüdische Museum, verteilt über vier Synagogen aus dem 17. und 18. Jh. Hier erfährst du viel über die Kultur und Religion der jüdischen Gemeinschaft in den Niederlanden, aber auch über die Judenverfolgung. Leichtfüßiger kommen die Wechselausstellungen daher, die von jüdischer Fotografie bis hin zu Amy Winehouse reichen. Zum JM gehört auch das *Joods Museum junior*, das wie das Haus einer jüdischen Familie eingerichtet ist. Mit demselben Ticket hat man Zugang zur benachbarten Portugiesischen Synagoge, die noch heute als jüdisches Gotteshaus genutzt wird.

Aus Geldnot musste Rembrandt sein Haus verkaufen - heute ist er wieder Herr darin

INSIDER-TIPP
Klassik im Kerzenschein

Ein stimmungsvolles Erlebnis sind die monatlich stattfindenden Kerzenlichtkonzerte in der Portugiesischen Synagoge.

Dez./Jan. So–Do 10–16, Fr 10–14, März/April, Sept./Okt. So–Do 10–17, Fr 10–16, Mai–Aug. So–Fr 10–17 Uhr | Eintritt 17 Euro (MK) | Jonas Daniël Meijerplein 2–4 | jhm.nl | Tram 14 Mr. Visserplein, Metro 51, 53, 54 Waterlooplein | 2 Std. | d4

43 REMBRANDTHUIS

Kunstgenie, Querulant und Frauenheld: Das alles war Rembrandt van Rijn (1606–1669), Maler der „Nachtwache" und einer der berühmtesten Amsterdamer. Den Großteil seines ziemlich aufreibenden Lebens verbrachte der in Leiden geborene Maler in der Grachtenstadt. Nicht nur seine Lebensgefährtinnen, auch seine Finanzlage wechselte ständig. 1639 kaufte er dieses Haus im damaligen Judenviertel. Geldnot zwang ihn 1660, das Haus zu verkaufen und in eine Mietwohnung umzuziehen, bevor er 1669 völlig verarmt starb. Sein ehemaliges Wohnhaus wurde 1908 in ein Museum umgewandelt. Ein moderner Anbau beherbergt die weltweit größte Sammlung von Radierungen, Kupferstichen und Zeichnungen des Künstlers. Der Altbau wurde dagegen so hergerichtet, wie er zu Rembrandts Zeiten ausgesehen haben mag, inklusive Atelier. *Tgl. 10–18 Uhr | Eintritt 13 Euro (MK) | Jodenbreestraat 4–6 | rembrandthuis.nl | Tram 14 Mr. Visserplein, Metro 51, 53, 54 Waterlooplein | 1 Std. | c3*

OUD ZUID & DE PIJP

Südwestlich vom Museumplein liegt das großbürgerliche Viertel Oud Zuid. Im 19. Jh. erbaut, ist dort alles etwas vornehmer als anderswo in der Stadt.

An seinem nordwestlichen Rand liegt der Vondelpark, die grüne Lunge Amsterdams. Gestiftet wurde er von reichen Bürgern, die gerne etwas Grün im Blickfeld ihrer Villen haben wollten. Der „Alte Süden" ist noch immer eins der exklusivsten Viertel von Amsterdam mit den höchsten Wohnungspreisen nach dem Grachtenring. Hier findet man Geschäfte mit gediegener Designermode, teure Restaurants und die besten Museen der Stadt. Im Osten schließt sich *De Pijp* an, das zur selben Zeit als Arbeiterwohnviertel gebaut wurde. Paradoxerweise sind die Wohnungen in den damaligen Mietskasernen rund um den Albert Cuypmarkt inzwischen sehr beliebt bei Hipstern und Jungfamilien.

44 VONDELPARK ★

Erwarte bloß keine Oase der Ruhe: An Sommernachmittagen sieht man den

Park vor lauter Menschen nicht. Der Vondelpark ist weniger Grünanlage als vielmehr Treffpunkt, Fahrradroute, Veranstaltungsort und Spielplatz der Amsterdamer.

Schon in den Sechzigerjahren war er Versammlungsort für Hippies aus aller Welt, die dort zum Teil monatelang kampierten, bis die Polizei der Belagerung 1975 ein Ende machte. Dabei waren seine Anfänge äußerst bürgerlich. Der heute 48 ha große Park wurde ab 1865 als erster öffentlicher Park Amsterdams angelegt und nach dem Renaissancedichter Joost van den Vondel benannt. Betuchte Bürger hatten sich zusammengeschlossen, um in ihrem neuen Villenviertel südlich des Grachtenrings eine grüne Lunge zu schaffen.

Im Vondelpark liegt eine *Bühne*, wo im Sommer fast jeden Tag kostenlose Musik- und Theatervorstellungen auf der *Freiluftbühne (D6) (openluchttheater.nl)* stattfinden – von Salsa bis hin zu Kindertheater. Direkt dahinter befindet sich das *Blauwe Theehuis* mit einem der wenigen Biergärten von Amsterdam. *Tram 1, 11 Eerste Constantijn Huygensstraat, 3 Van Baerlestraat, 2 Cornelis Schuytstraat* | *C–E 5–6*

FREMDE PARKBEWOHNER

Wer im Sommer durch den Vondelpark geht, kann ihr Gekrächze oft nur hören; im Winter aber sind sie deutlich zwischen den kahlen Ästen der Bäume zu erkennen: knallgrüne Papageien. Es handelt sich um Halsbandsittiche, eine asiatische Papageienart, in Europa als Haustier weit verbreitet. 1976 ließ ein Vogelbesitzer sein Papageienpärchen im Vondelpark frei, weil es ihm zu viel Lärm machte. Die Vögel begannen schnurstracks, sich kräftig zu vermehren. Mehrere Bäume im Park dienen ihnen als Schlafplätze. Gegen Sonnenuntergang versammeln sich dort jeden Tag Hunderte Papageien und veranstalten ein ohrenbetäubendes Konzert. Nicht nur manch ein Anwohner, sondern auch holländische Tierschützer sind von den Einwanderern allerdings wenig begeistert, denn sie machen einheimischen Vögeln Brutplätze und Futter streitig.

Leuchtendes Beispiel für moderne Kunst: Dan-Flavin-Installation im Stedelijk Museum

45 STEDELIJK MUSEUM

Das Stedelijk Museum besitzt eine der bedeutendsten Sammlungen moderner Kunst in den Niederlanden. Seit 2012 prangt an der Rückseite des Stammhauses aus dem 19. Jh. ein badewannenförmiger, futuristischer Anbau. Dort wird die Sammlung mit Werken von Monet über Mondrian und Malewitsch bis Bruce Nauman präsentiert, arrangiert in einer ungewöhnlichen Ausstellungsarchitektur, die vom Stararchitekten Rem Koolhaas entworfen wurde. In den lichtdurchfluteten Sälen des Altbaus finden Wechselausstellungen mit moderner oder zeitgenössischer Kunst statt. *Tgl. 10–18 Uhr | Eintritt 20 Euro (MK) | Paulus Potterstraat 13 | stedelijk.nl | Tram 2, 5, 12 Van Baerlestraat, 3 Museumplein | 2 Std. | E6*

46 VAN GOGH MUSEUM ★

Die „Sonnenblumen", das „Schlafzimmer" und die „Kartoffelesser" – wer kennt sie nicht? Van Gogh ist und bleibt einer der teuersten und populärsten Künstler aller Zeiten. Dem staatlichen Van Gogh Museum gehört die weltweit größte Sammlung von Werken des berühmten Ohrabschneiders. Zu verdanken ist das der eigentlich sehr bedauerlichen Tatsache, dass Vincent van Gogh (1853–1890) zu seinen Lebzeiten so gut wie gar keine Bilder verkaufte. Stattdessen schenkte er sie seinem Bruder aus Dankbarkeit für dessen finanzielle Unterstützung. Deshalb blieben sie in der Familie, die dem Museum die 205 Gemälde und 500 Zeichnungen 1963 vermachte. Die Ausstellung folgt dem tragischen Leben des Malers, von den Anfängen in den Niederlanden über seine Zeit

Auch tagsüber im Dienst der Menschheit: Rembrandts „Nachtwache" im Rijksmuseum

in Paris und Südfrankreich bis zu seinem Tod in Auvers-sur-Oise.
Neben dem 1973 von Gerrit Rietveld erbauten Museum wurde 1999 ein drei Etagen hoher Pavillon eröffnet, der unterirdisch mit dem Altbau verbunden ist und in dem der Eingang zum Museum liegt. Aufgrund des großen Andrangs gibt es Tickets nur noch online und mit Zeitfenster! *Tgl. 9–18 Uhr | Eintritt 20 Euro (MK) | Museumplein 6 | vangoghmuseum.nl | Tram 2, 5, 12 Van Baerlestraat, 3 Museumplein | 2 Std. | E6*

47 RIJKSMUSEUM ★

Entworfen wurde der 1885 eröffnete Prachtbau vom Architekten Pierre Cuypers, aus dessen Feder auch der Hauptbahnhof stammt. Über und über dekoriert erinnert er auf den ersten Blick mehr an ein Schloss oder eine Kathedrale als an ein Museum. Bei seiner Eröffnung führte das zu einem kleinen Skandal, denn der protestantische König Willem III. weigerte sich, einen Fuß in „diesen erzbischöflichen Palast" zu setzen.
Das stört die zwei Millionen Besucher wenig, die es heute jährlich in das Museum zieht. Der Eingang liegt in einem Fahrrad- und Fußgängertunnel unter dem Gebäude. Jenseits der modernen Foyers warten Säle mit üppigen historischen Wanddekorationen und schier unüberschaubare Mengen an Kunstschätzen, wobei die holländische Malerei des Goldenen Zeitalters im Zentrum steht. Im Grunde wurde das ganze Museum rund um Rembrandts berühmte „Nachtwache" gebaut, die in einer Art Schrein am Ende

der Ehrengalerie prangt. Die Auftraggeber waren 1642 mit Rembrandts Arbeit nicht zufrieden, denn für ihren Geschmack waren die Mitglieder der Schützengilde des Kapitäns Frans Banning Cocq nicht würdevoll genug dargestellt. Genau das ist es aber, was das Gemälde heute so besonders macht: Im Gegensatz zu anderen Schützengemälden der Zeit, wirkt die „Nachtwache" unerhört dynamisch und realistisch.

In den anderen Sälen gibt es Meisterwerke von holländischen Malern wie Frans Hals, Jan Steen, Jacob van Ruisdael und Jan Vermeer zu sehen. Vor Vermeers „Küchenmagd" (1660) und „Briefleserin" (1662–1664) drängeln sich ständig viele Besucher. Solche Genrebilder bieten einen erstaunlichen Einblick in die bürgerlichen holländischen Wohnstuben des 17. Jhs. – so etwa auch Jan Steens Gemälde „Morgentoilette" (1663), das einfach nur eine junge Frau beim Aufstehen zeigt.

Nicht verpassen solltest du die wunderschöne historische Bibliothek, die von Saal 1.13 aus einsehbar ist. Im Treppenaufgang des Philips-Flügels dringt modernes Design in das ehrwürdige Museum ein: Dort führt die Lichtinstallation *Shylight* von Studio Drift unermüdlich ein poetisches Leuchtenballett auf. *Tgl. 9–17 Uhr | Eintritt 20 Euro (MK), bis zum 18. Lebensjahr gratis | Stadhouderskade 42 | rijksmuseum.nl | Metro 52 Vijzelgracht, Tram 2, 5, 12 Rijksmuseum | 3 Std. | F5*

INSIDER-TIPP
Lasst die Lampen tanzen!

48 HEINEKEN EXPERIENCE

Die alte Heineken-Brauerei an der Stadhouderskade ist zum „Experience" geworden. Bier wird dort nicht mehr gebraut, stattdessen gibt es eine englischsprachige Tour durch die Welt des Brauereigiganten. Am Ende warten zwei kostenlose *biertjes*. Zutritt erst ab 18 Jahre! *Tgl. 10.30–21 Uhr (letzter Einlass 18.45 Uhr) | Eintritt 21 Euro | Stadhouderskade 78 | Metro 52 Vijzelgracht, Tram 24 Marie Heinekenplein | 1–1,5 Std. | F6*

AUSSERDEM SEHENSWERT

49 ADAM ★

Lange stand der alte Shell-Büroturm am Nordufer des IJ leer. 2015 verkaufte die Stadt ihn an ein Investoren-Trio aus der Dance-Szene, das ihn in ein Haus verwandelt hat, das niemals schläft. Im Keller befindet sich der Club *Shelter*, im Erdgeschoss das Burger-Restaurant *The Butcher Social Club*, darüber das Hotel *Sir Adam* und Büros für Musikfirmen. Im runden „Hals" des Hochhauses residiert das schicke Restaurant *Moon* (mit rotierendem Boden), darüber sitzt die Cocktailbar *Madam*. Größte Attraktion ist aber die *Lookout-Plattform (tgl. 10–21 Uhr | Eintritt 14,50, Schaukeln 6 Euro extra)* auf dem Dach, mit unglaublicher Aussicht über Amsterdam. Wem das noch nicht genug Nervenkitzel ist, der kann (sofern über 1,30 m groß) auf Europas höchsten Schaukeln die Beine über den Rand des Hochhauses baumeln lassen. *Overhoeksplein 1 | adamtoren.nl | kostenlose Fähre zum Buiksloterweg von der Nordseite des Hauptbahnhofs |* *G2*

50 THIS IS HOLLAND

Für alle, die Deiche, Polder und holländische Sehenswürdigkeiten mal aus der Vogelperspektive sehen wollen: Flugprojektion mit beweglichen Sitzen in einem runden Kino. Während man über die Niederlande fliegt, weht echter Wind durchs Haar und rütteln die Stühle. Ab 4 Jahre und 100 cm Körpergröße. *Tgl. 10–19 Uhr | Eintritt 25 Euro | Overhoeksplein 51 | thisisholland.com | kostenlose Fähre zum Buiksloterweg von der Nordseite des Hauptbahnhofs | 45 Min. (davon 10 Min. im Flight Experience) | G2*

51 EYE FILM INSTITUTE

Unübersehbar thront der futuristische weiße Bau des Eye Film Institute am Nordufer des IJ, gleich neben dem Adam-Turm. Entworfen wurde er vom österreichischen Architekturbüro Delugan Meissl, aus dessen Feder auch das Porsche Museum in Stuttgart stammt. Das skulpturale Gebäude beherbergt das *Niederländische Filmmuseum* mit vier Kinosälen, Ausstellungsräumen, Museumsshop und einem Café-Restaurant am Wasser. Im Museumsshop gibt es lauter ungewöhnliche Souvenirs und viele Film-Memorabilia. *Ausstellung tgl. 10–19 Uhr | Eintritt 12,50 Euro (MK) | Café tgl. 10–1 Uhr | IJpromenade 1 | eyefilm.nl | kostenlose Fähre zum Buiksloterweg von der Nordseite des Hauptbahnhofs | G2*

INSIDER-TIPP
Mitbringsel für Film-Fans

52 NDSM-WERFT

Auf dem Gelände der ehemaligen Werft hat sich in den vergangenen Jahrzehnten die Amsterdamer Kunst- und Kreativszene angesiedelt. Trau

Augen auf im Eye Film Institute: Im spektakulären Bau gibt es alles, was Cineasten wünschen

dich ruhig hinein in die imposanten alten Hallen! In einer befinden sich ein Atelierdorf und das Restaurant *IJver*, in der anderen das Streetart-Museum *STRAAT (Mi–So 10–18 Uhr | 17,50 Euro | straatmuseum.com)*. Drumherum gibt es einige hippe Cafés und Restaurants zu entdecken. Einmal monatlich findet auf dem Gelände der IJ-Hallen-Flohmarkt (S. 82) statt. *Kostenlose Fähre zur NDSM-Werf von der Nordseite des Hauptbahnhofs* | *b6*

53 HET SCHIP

Kurvenreich und ornamental ist dieser schiffförmige, soziale Wohnungsbau, der 1919 von Michel de Klerk im Stil des Backsteinexpressionismus gebaut wurde. Auf einer Seite prangt ein funktionsloses Türmchen, auf der anderen beult sich die Fassade zigarrenförmig aus. Zu dem Block gehören auch eine *Postfiliale* und eine *Museumswohnung* mit der Originaleinrichtung sowie ein *Museum*, das die Geschichte dieses ungewöhnlichen Architekturstils erzählt. *Di–So 11–17 Uhr | Eintritt 15 Euro (MK) | Oostzaanstraat 45 | Bus 22, 48 Spaarndammerstraat | 1 Std. | E1*

54 NIEUWENDAM

Wer der Stadt und ihrem Trubel mal entflüchten und ein altes holländisches Deichdorf sehen will, ohne weit fahren zu müssen, sollte sich den Nieuwendammerdijk ansehen. Am Nordufer des Flusses IJ reihen sich lauter niedliche, denkmalgeschützte Häuser aneinander. Urgemütlich ist das kleine Café am Hafen. *Metro 52 Noorderpark, dann 8 Minuten Fußweg am Adelaarsweg entlang nach Norden, Bus 291 Merelstraat | c7*

55 IJBURG

Im Osten Amsterdams entsteht ein ganz neues Archipel im IJsselmeer. Dort werden sieben künstliche Inseln aufgeschüttet und mit dem neuen Stadtteil IJburg bebaut, in dem einmal 45 000 Menschen wohnen und arbeiten sollen. Wer moderne Architektur mag, findet hier manch eine interessante Kuriosität. So liegt etwa an der Brigantijnkade ein buntes Grüppchen schwimmender Häuser an Stegen. Im Gegensatz zu Hausbooten haben sie die Proportionen von echten Häusern und bieten je 150 m^2 Wohnfläche. Das Segelboot kann man direkt vor dem Wohnzimmer parken. Neugierig geworden? Die Hausnummer 20 beherbergt ein Bed & Breakfast *(Ca' Mirandolina | Brigantijnkade 20 | camirandolina.com | Tram 26 Steigereiland). c7*

INSIDER-TIPP
Sanft in den Schlaf gewiegt

AUSFLÜGE

56 MARKEN

24 km/40 Min. per Metro und Bus vom Hauptbahnhof

Mit seinen grünen Holzhäusern ist dieses historische Dorf, das seit der großen Juliansflut 1164 auf einer Insel im IJsselmeer liegt, ein echtes Stück Bilderbuchholland. Auf den Warften kuscheln sich die alten Häuschen aneinander, und im Hafen dümpeln Segelboote. Das zieht natürlich vor allem am Wochenende viele Besucher an, die sich aber meist nur auf den Hauptrouten durchs Dorf bewegen. Schau stattdessen mal in die kleineren Gassen und mach einen Spaziergang über den Deich bis zum Leuchtturm!

INSIDER-TIPP
Marken im Mondschein

Abends verschwinden die meisten Besucher, daher lohnt sich eine Übernachtung – zum Beispiel im B&B *De Pepersteeg* (*Kerkbuurt 148 | Tel. 0299 60 16 20 | pepersteeg.verkeerdewereld.nl*), direkt gegenüber der Kirche. *Mit der Metrolinie 52 vom Hauptbahnhof bis Amsterdam Noord, von dort fährt Bus 315 alle halbe Stunde nach Marken (Hin- und Rückfahrt Marken mit Waterland-Dagkaart – beim Fahrer erhältlich – 12,50 Euro).*

Wer mag und kann, erreicht Marken auch in zwei Stunden auf einer schönen Fahrradtour (22 km). Hinter dem Hauptbahnhof nimmst du die Fähre zum IJplein, folgst der Meeuwenlaan, biegst anschließend rechts auf den Nieuwendammerdijk ab und bleibst dann immer auf dem Deich am IJsselmeer. Nach dem Dorf Uitdam rechts abbiegen und auf den Verbindungsdamm nach Marken fahren. *c6*

57 ZANDVOORT AAN ZEE

30 km/33 Min. per Zug vom Hauptbahnhof

Kaum eine halbe Stunde dauert die Zugfahrt nach Zandvoort aan Zee, das Nordseestrandbad vor den Toren Amsterdams. Schön ist das Städtchen mit den gesichtslosen Apartmentblöcken nicht. Dafür ist der Sandstrand endlos, und schon nach einem kurzen Spaziergang verschwinden die Häuser aus dem Blickfeld.

An warmen Sommerwochenenden kann es sehr turbulent zugehen, aber in der Nebensaison gehört der Strand oft nur ein paar Spaziergängern und den Möwen. Typisch sind die von Traktoren über den Strand gezogenen Fischkarren, die allerlei Frittiertes und leckere Krabbenbrötchen verkaufen. *Züge nach Zandvoort fahren alle 30 Min., im Winter muss man in Haarlem umsteigen | Hin- und Rückfahrticket 12,20 Euro | a7*

Ist das Wetter zu schön und die City zu voll? Bis Marken dauert es keine Stunde

ESSEN & TRINKEN

Kambodschanisch, äthiopisch, peruanisch oder surinamisch – Abenteuerlustige können in Amsterdam eine kulinarische Weltreise unternehmen.

Zum Glück, meinen viele Gourmets, denn die holländische Küche hat keinen guten Ruf. Dem Kalvinismus galt jede Form von Feinschmeckerei als überflüssig, sogar sündig, sodass das Essen in Holland jahrhundertelang vor allem einfach und nahrhaft war – zum Beispiel *stamppot:* Kartoffelbrei gemischt mit Wurst- oder Fleischstücken und Kohl. Inzwischen hat sich aber auch die holländische Küche weiterentwickelt. Im-

Unverändert leckrer Dauerbrenner, oft als Straßensnack mit Sirup zu haben: Poffertjes

mer mehr Restaurants erfinden moderne Varianten lokaler und saisonaler Spezialitäten, entdecken vergessene Gemüsesorten wieder, experimentieren mit Einflüssen aus aller Welt. Auch Spezialitäten aus den ehemaligen Kolonien sind fest in der holländischen Küche verwurzelt. Jedes Kind in Amsterdam weiß, was *nasi goreng* (Reis mit Shrimps und Huhn) oder *saté* (Hühnerspieße mit Erdnusssauce) ist, und die indonesischen Restaurants hier gehören zu den besten Europas. Wer Experimente mag, der sollte in der Chinatown original chinesisches Essen ohne Zugeständnisse an den europäischen Gaumen probieren.

WO AMSTERDAM ISST

MARCO POLO HIGHLIGHTS

★ **RIJKS**
Sterneküche neben Rembrandt & Co.
➤ S. 64

★ **MOEDERS**
Traditionelle holländische Hausmannskost wie bei „Moeder“ ➤ S. 69

★ **DE PLANTAGE**
Essen mit Blick auf Flamingos ➤ S. 70

★ **FOODHALLEN**
Für jeden Geschmack etwas dabei ➤ S. 62

★ **DE KAS**
Schlemmen im Gewächshaus ➤ S. 64

★ **CAFÉ AMÉRICAIN**
Grand Café im eleganten Art-déco-Stil
➤ S. 63

★ **HOTEL DE GOUDFAZANT**
Leckeres Bistro-Essen in einer alten Werkhalle in Noord ➤ S. 71

★ **BLAUW**
Authentische indonesische Küche ➤ S. 67

In Amsterdam gibt es an jeder Ecke einen Imbiss oder ein Restaurant. Das Preisniveau ist relativ hoch und der Service etwas gewöhnungsbedürftig. Deutsche Korrektheit solltest du besser nicht erwarten, aber dafür wird viel gelächelt und fällt gerne mal ein Witz. Bezahlbar sind die typischen, gemütlichen *eetcafés*, in denen meist holländisches Essen mit mediterranem Einschlag geboten wird. Achtung: Was in den Niederlanden *café* heißt, ist eher mit deutschen Kneipen vergleichbar, und Koffieshops sind nicht auf Kaffee, sondern auf weiche Drogen spezialisiert!

EETCAFÉS

1 DE BAKKERSWINKEL

Filiale der kleinen Bakkerswinkel-Kette im früheren Regulatorhaus der Westergasfabriek. Serviert werden leckere Sandwiches, Muffins und Kuchen, gebacken mit Biozutaten aus der Region. *Tgl. | Polonceaukade 1–2 | Tel. 020 6880632 | Tram 5 Van Hallstraat* | West | *E1*

2 MORLANG

Prächtiges Grachtenhaus, kreative internationale Küche, junges Publikum. Oben sitzt man schöner als im Souterrain. *Tgl. | Keizersgracht 451 | Tel. 020 6252681 | Tram 2, 11, 12 Keizersgracht* | Centrum | *a4*

3 PIET DE LEEUW

INSIDER-TIPP
Ein Steak als Mutprobe

Traditionsreiches *eetcafé*. Berühmt für Steaks – für Experimentierfreudige auch vom Pferd. Pferdefleisch ist in den Niederlanden nicht unüblich und gilt als besonders zart. Wer traut sich? *Tgl. | Noorderstraat 11 | Tel. 020 6237181 | Metro 52, Tram 24 Vijzelgracht* | Centrum | *F5*

4 WINKEL 43

Turmhoch stapeln sich in diesem Eckcafé die nach Zimt duftenden Apfelscheiben: *Winkel 43* ist berühmt für seine *appeltaart mit slagroom*. Deshalb platzt das Lokal samstags, wenn nebenan Noordermarktzeit ist, meist aus allen Nähten. *Tgl. | Noordermarkt 43 | Tel. 020 6230223 | Tram 3 Marnixplein* | Centrum | *F2*

FOOD COURTS

5 FOODHALLEN ★

Die ganze Welt in einer Halle: Das ist das Konzept der Foodhallen. 21 kleine Imbissstände scharen sich rund um die Bar in einer alten Tramremise. Frühlingsrollen, Burger, Köfte – jeder sucht sich aus, worauf er Lust hat. *So–Do 12–24, Fr/Sa 12–1 Uhr| Bellamyplein 51 | Tram 7, 17 Kinkerstraat* | West | *D4*

6 WORLD OF FOOD

INSIDER-TIPP
Street Food aus aller Welt

Für echt Experimentierfreudige: In einem umgebauten Parkhaus im Migranten-Stadtteil Zuidoost gibt es Spezialitäten aus Afrika, Südamerika und Asien. Lass dich nicht vom Fastfood-Restaurant im selben Gebäude abschrecken! Dahinter wartet ein kulinarisches Angebot, das genauso bunt ist wie die Kundschaft. *Mo–Do 12–21, Fr 12–22, Sa/So 13–21 Uhr | Develstein*

Schön wär's! So viele Plätze sind im beliebten Restaurant Breda nur frei, bevor geöffnet ist

100 | Metro 53 Diemen-Zuid, Metro 54 Strandvliet | Zuidoost | c7

GRAND CAFÉS

7 CAFÉ AMÉRICAIN ★

Das elegante Jugendstil-Kaffeehaus gehört zum gleichnamigen Hotel. Tiffany-Lampen, Holzvertäfelung und Leseecken lassen die Zwanzigerjahre lebendig werden. *Tgl. | Leidseplein 97 | Tel. 020 5 56 30 10 | Tram 1, 2, 7, 11, 19 Leidseplein | Centrum | E5*

8 DE JAREN

Großes Café mit Restaurant im Obergeschoss. Im Sommer kann man einen Tisch auf der Terrasse mit herrlichem Blick auf die Stadt buchen. *Tgl. | Nieuwe Doelenstraat 20–22 | Tel. 020 6 25 57 71 | Metro 52, Tram 4, 14, 24 Rokin | Centrum | b4*

9 GRAND CAFÉ 1E KLAS

Bahnhofscafés sind eher selten einladend, dies ist eine Ausnahme. Im kuschelig-luxuriösen Fin-de-Siècle-Ambiente, zu dem auch der lebendige Kakadu gehört, gibt es leckere Hamburger und Kroketten. *Tgl. | Stationsplein 15 | Gleis 2b im Hauptbahnhof | Tel. 020 6 25 01 31 | Metro 51, 52, 53, 54, Tram 2, 4, 11, 12, 13, 14, 17 26 Centraal Station | Centrum | c1*

INSIDER-TIPP
Historisches Café im Bahnhof

RESTAURANTS €€€

10 BREDA

Moderne, internationale Küche auf hohem Niveau findet man bei Breda. Viel zu wählen gibt es nicht: Du musst dich nur zwischen dem kleinen, mittleren oder großen Menü entscheiden.

Biokost im Gewächshaus: De Kas

Dafür ist die Weinkarte besonders umfangreich. *Tgl. | Singel 210 | Tel. 020 622 52 33 | bredagroup-amsterdam.com | Tram 13, 17 Dam |* Centrum | a2

11 RIJKS ★

Im Seitenflügel des Rijkmuseums werden die Michelinsterne vom Himmel gekocht. Aus holländischen Produkten zaubert Chefkoch Joris Bijdendijk Leckereien wie Langustentartar, glasiertes Kalbsbries oder Holunderblütenparfait. *Mo geschl. | Museumstraat 2 | Tel. 020 674 75 55 | rijksrestaurant.nl | Tram 2, 5 Rijksmuseum |* Oud-Zuid | F5

12 ENVY

Das angesagte Restaurant mit modernem Interieur in einem langen, schmalen Raum liegt an der Prinsengracht. Hinten gibt es Tische, vorne sitzt man an der langen Marmorbar und schlürft Cocktails mit Blick in die Küche. *Tgl. | Prinsengracht 381 | Tel. 020 344 64 07 | Tram 13, 17 Westermarkt |* Centrum | E–F4

INSIDER-TIPP
Dem Koch auf die Finger schauen

13 NAZKA

Peruanische Küche ist seit einigen Jahren enorm angesagt: Oktopus trifft auf Kaviar, Auberginen auf Padrón-Chilis. Nazka serviert wahlweise ein saisonales 4-Gang-Menü oder ein 6-Gang-Degustationsmenü. *So/Mo geschl. | Van Ostadestraat 352–354 | Tel. 020 223 49 01 | nazka.nu | Tram 4 Ceintuurbaan, Tram 3 Van Woustraat |* De Pijp | G6

14 GRAHAM'S KITCHEN

Der Engländer Graham Mee sammelte jahrelang Erfahrung in den Küchen von Amsterdamer Sternerestaurants, ehe er sein eigenes, von außen eher bescheidenes Eckrestaurant in De Pijp eröffnete. Nimm dir auf jeden Fall drei oder vier Stunden Zeit, um das originelle Menü zu genießen! *So geschl. | Hemonystraat 38 | Tel. 020 364 25 60 | grahamskitchen.amsterdam | Tram 4 Ceintuurbaan |* De Pijp | G6

15 DE KAS ★

Im 8 m hohen Gewächshaus wird Biogemüse frisch aus dem eigenen Garten serviert. Aktuelle holländische Küche mit Design-Faktor. Abends unbedingt reservieren! *Mo geschl. | Kamerlingh Onneslaan 3 | Tel. 020 462 45 62 | Tram 19 Hoogweg |* Oost | K7

Unsere Empfehlung heute

Snacks

PATAT OORLOG
Pommes mit Mayonnaise, Erdnussauce und Zwiebeln

RUNDVLEESKROKET
Rindfleischkrokette

BITTERBALLEN
frittierte Fleischbällchen, mit Senf zum Dippen

HOLLANDSE NIEUWE
junger Matjes, mit oder ohne Gewürzgurke und Zwiebeln

SAUCIJZENBROODJE
warmes Blätterteigbrötchen mit Wurstfüllung

Hauptgerichte

MOSSELEN
in Weißwein oder Bier gekochte Miesmuscheln, dazu Pommes und Mayo

STAMPPOT
Kartoffelbrei mit Wurst oder Fleisch und Gemüse

ROTI
indisch-surinamische Weizenfladen, gefüllt mit pikantem Fleisch oder Gemüse

KIPSATÉ
indonesische Hühnerspieße mit Erdnusssauce

ERWTENSOEP
dicke Erbsensuppe mit Roggenbrot und Katenspeck

Süßes

APPELTAART
Apfelkuchen, mit oder ohne Schlagsahne

POFFERTJES
Mini-Pfannküchlein mit Butter und Puderzucker

OLIEBOLLEN
in Fett ausgebackene Rosinenkrapfen mit Puderzucker

Getränke

WITBIER
Weißbier, gebraut mit Koriander und Zitrusfrüchten

KOFFIE VERKEERD
Kaffee „verkehrt herum" (mit viel warmer Milch)

GENEVER
Wacholderschnaps

16 MENEER DE WIT HEEFT HONGER

Wenn Herr de Wit Hunger hat, weiß der marrokanische Koch Simo Bouabgha Abhilfe zu schaffen. Auf den Tisch kommt ein Überraschungsmenü, bei dem man zwischen Fleisch, Fisch oder vegetarisch wählen darf. *So–Di geschl. | Witte de Withstraat 10 | Tel. 020 7373184 | meneerdewitheeft honger.nl | Tram 1, 17 Jan Pieter Heijestraat | Oud-West | C5*

17 DAALDER

„Kulinarischen Topsport" nennt das Team seine Küchenleistungen, die in modernem Ambiente mit Street Art und viel Neon serviert werden. Berühmt ist das *Stroopwafel*-Dessert von Daalder, das wie der gleichnamige Keks aussieht, aber aus Eis besteht. *Mo/Di geschl. | Postjesweg 1 | Tel. 020 6248864 | daalderamsterdam.nl | Tram 7, 17 Ten Katestraat | Oud-West | C5*

INSIDER-TIPP
Keks oder Eis?

18 DE SILVEREN SPIEGEL

Uriges Restaurant in einem hutzeligen Haus aus dem Jahr 1614. Der Fokus liegt auf regionalen Produkten und zeitgenössischen Interpretationen der holländischen Küche. *So/Mo geschl. | Kattengat 4–6 | Tel. 020 6246589 | Tram 2, 11, 12, 13, 17 Nieuwezijds Kolk | Centrum | b1*

19 WOLF ATELIER

Auf der alten Drehbrücke am Westerdok mit Aussicht auf moderne Architektur wird ambitioniert gekocht. Hast du heute Abend nichts mehr vor? Dann gönn dir das 15-Gänge-Menü! *So/Mo geschl. | Westerdoksplein 20 | Tel. 020 3446402 | wolfatelier.nl | Bus 48 Westerdoksdijk | Centrum | F2*

20 D'VIJFF VLIEGHEN

Geneverfässer, Rembrandt-Stiche und eine Waffensammlung tragen zum authentischen Ambiente in den fünf Häusern aus dem 17. Jh. bei. Auch die Speisekarte gibt sich altholländisch. *Tgl. | Spuistraat 294–302 | Tel. 020 5304060 | Metro 52 Rokin, Tram 2, 11, 12 Spui | Centrum | a3*

21 YAMAZOTO

Im Restaurant des japanischen Okura-Hotels fehlen weder Kellnerinnen im Kimono noch ein Fischteich. Das Sashimi wird auf Eis serviert, das Rindfleisch roh plus heißer Grillplatte. Ein Michelinstern. *Tgl. | Ferdinand Bolstraat 333 | Tel. 020 6788351 | Tram 12 Cornelis Troostplein | Zuid | G7*

22 VUURTORENEILAND

Bootsfahrt und Abendessen in einem: Auf der winzigen Leuchtturminsel im IJsselmeer isst man im Sommer in einem Glashaus und im Winter im alten Militärfort. Serviert wird nur ein 5-Gänge-Menü, das komplett auf offenem Feuer oder im Räucherofen zubereitet wird – denn Stromanschlüsse gibt es nicht. Nur mit Online-Reservierung! Der kulinarische Ausflug dauert inkl. je 40-minütiger Bootsfahrt etwa 5 Stunden und kostet 100 Euro inkl. Getränke. *Abfahrt Mi–Fr 18.30, Sa 12 u. 18.30, So 16 Uhr | Anleger des Lloyd Hotel | Oostelijke Handelskade 34 | Tram 26 Rietlandpark | vuurtoreneiland.nl | Oost | c7*

Preisgekrönt und authentisch: japanisches Potpourri im Yamazoto, inklusive Kimono

RESTAURANTS €€

23 PONT 13

Auf dieser umgebauten IJ-Fähre, die etwas abgelegen im Holzhafen dümpelt, herrscht eine tolle Atmosphäre, und es gibt gute Klassiker, von Tagesfisch bis Burger. *Mo–Mi geschl. | Haparandadam 50 | Tel. 020 7702722 | pont13.nl | Bus 48 Haparandaweg | West | b6*

24 BUFFET VAN ODETTE

Dieses freundliche Restaurant liegt direkt an der Prinsengracht. Im Sommer sitzt man sehr schön draußen auf dem Gehsteig. Auf der Karte stehen mediterrane Klassiker, teils kreativ kombiniert. *So–Di geschl. | Prinsengracht 598 | Tel. 020 4236034 | buffet-amsterdam.nl | Tram 2, 12, 24, Metro 52 Vijzelgracht | Centrum | F5*

25 BLAUW ★

Reistafel gibt es in vielen Amsterdamer Restaurants, aber selten ist sie so authentisch wie hier. Auch Vegetarier kommen auf ihre Kosten. Für Mutige gibt's dazu den schärfsten Sambal Indonesiens. *Tgl. | Amstelveenseweg 158–160 | Tel. 020 6755000 | Tram 2 Amstelveenseweg | West | C6*

26 IJVER

Das Restaurant wurde in die östliche der beiden großen Schiffsbauhallen auf der NDSM-Werft eingebaut. Im Sommer kann man von der Terrasse aus das Werftpanorama mit viel Street Art betrachten. Es gibt Bier von Lokal-

INSIDER-TIPP **Kunst nebenan**

brauereien, mit dem auch gekocht wird. Direkt neben dem Restaurant befindet sich *NDSM Fuse*, eine Plattform mit wechselnden Ausstellungen von lokalen Künstlern. *Tgl. | Scheepsbouwkade 72 | Tel. 020 2471001 | ijveramsterdam.nl | Fähre vom Hauptbahnhof zur NDSM-Werf | Noord | b6*

27 L'ENTRECÔTE ET LES DAMES

Vor und nach Konzerten im nahen Concertgebouw ist dieses Bistro immer brechend voll. Die Qual der Wahl gibt's hier nicht: Einzige Vorspeise ist ein grüner Salat mit Walnüssen, danach gibt es Entrecôte oder Seezunge mit Pommes. Dafür lockt die Dessertkarte mit zehn französischen Klassikern. *Tgl. | keine Reservierungen | Van Baerlestraat 47–49 | entrecote-et-les-dames.nl | Tram 3, 5, 12 Museumplein | Zuid | E6*

28 GARTINE

Frühstücks- und Lunchrestaurant, versteckt in einer Seitenstraße der Kalverstraat. Serviert werden hier Produkte aus dem eigenen Gemüsegarten und der Region, von Rindfleischsalat mit geröstetem Kürbis bis hin zu Knackwürsten vom Beemsterlandschwein. *Mi–Fr 9–17, Sa/So bis 16 Uhr | Taksteeg 7 | Tel. 020 3 20 41 32 | Metro 52, Tram 14, 24 Rokin | Centrum | b3*

29 THE AVOCADO SHOW

Keine Frage, Avocados sind hip – so hip, dass in diesem Restaurant nichts anderes serviert wird: Avocados mit Pfannkuchen, Toast, Eiern und sogar im Cheesecake. *Tgl. 9–17 Uhr | keine Reservierungen | Daniel Stalpertstraat 61 | Metro 52 De Pijp, Tram 24 Marie Heinekenplein | Zuid | F6*

30 DE GOUDEN REAEL

Französische Küche in einem alten Grachtenhaus. Man hat die Wahl zwischen einem 3- und einem 4-Gänge-Menü, das alle zwei Wochen wechselt. *Di geschl. | Zandhoek 14 | Tel. 020 7 72 67 43 | Bus 48 Barentszplein | West | F1*

31 HAPPYHAPPYJOYJOY

Knallbuntes Pop-Interieur trifft auf asiatisches Streetfood: Futter dich durch thailändische, vietnamesische, indonesische und chinesische Spezialitäten, dazu gibt's eiskaltes asiatisches Bier. *Tgl. | Oostelijke Handelskade 4 | Tel. 020 3 44 64 33 | Tram 26 Rietlandpark | Oost | K3*

32 SKATECAFÉ

Während in der Skatebowl in der alten Halle Kickflips geübt werden, wird direkt daneben geschlemmt – von Garnelenbisque bis Entenbrust. Sehr hip und manchmal etwas laut, dafür aber echt eine Erfahrung. *So–Mi geschl. | Gedempt Hamerkanaal 41 | Tel. 020 2 10 02 32 | skatecafe.nl | Metro 52 Noorderpark | Noord | K1–2*

33 JAPANESE PANCAKE WORLD

Wer hätte das gedacht? Nicht nur in Holland, sondern auch in Japan sind Pfannkuchen als Fast Food weit verbreitet. In diesem Restaurant nicht weit vom Westermarkt werden die

Die authentische Tapasbar Pata Negra liegt tatsächlich mitten in Amsterdam

asiatischen Kalorienbrummer namens *Okonomiyake* vor den Augen der Gäste gezaubert. *Di geschl.* | *Tweede Egelantiersdwarsstraat 24a* | *Tel. 020 3 20 44 47* | *japanesepancakeworld.com* | *Tram 5 Marnixplein* | *Centrum* | *E3*

34 BAR BASQUIAT

Kreuzung aus Bar und Restaurant. In lockerer Atmosphäre wird asiatisches Street Food serviert. In der Javastraat ist abends viel los, sodass es auf der Terrasse immer etwas zu gucken gibt. *Tgl.* | *Javastraat 88–90* | *Tel. 020 3 70 83 34* | *barbasquiat.nl* | *Tram 3 Molukkenstraat, Tram 14 Zeeburgerdijk* | *Oost* | *L5*

35 MOEDERS ★

Futtern wie bei Muttern – weshalb die Wände auch mit Hunderten Fotos von Müttern behangen sind. Auf der Karte steht traditionell Holländisches, aber auch das eine oder andere mediterrane Gericht. *Tgl.* | *Rozengracht 251* | *Tel. 020 6 26 79 57* | *Tram 13, 17 Marnixstraat* | *Centrum* | *E4*

36 NEW KING

Chinese mit schummrigem Lounge-Interieur, der immer brechend voll ist. China-Klassiker, aber auch Gerichte, die man sonst eher selten findet, von Auberginen mit Tofu bis hin zu gefülltem Tintenfisch. Keine Reservierungen! *Tgl.* | *Zeedijk 115–117* | *Tel. 020 6 25 21 80* | *Metro 51, 53, 54 Nieuwmarkt* | *Centrum* | *c2*

37 PATA NEGRA

Spanien in Amsterdam: Wer durch die Tür dieses lauten, hektischen, immer vollen Tapasrestaurants tritt, fühlt sich plötzlich wie in Sevilla. Von der Decke

Im Hotel de Goudfazant treffen feine Tischwäsche und Kronleuchter auf Lagerhallencharme

hängen Schinken, darunter stehen einfache Holzbänke, der Wein wird in Tonkrügen serviert. *Tgl. | Utrechtsestraat 124 | Tel. 020 4 22 62 50 | Tram 4 Prinsengracht | Centrum | G5*

38 DE PLANTAGE ★

Flamingos zum Essen! Keine Angst, nicht auf dem Teller, sondern nur in Sichtweite. Im schönsten Wintergarten Amsterdams wird moderne Bistroküche serviert. Im Sommer sitzt man herrlich auf der großen Terrasse – mit Aussicht auf ein Gehege voller Flamingos und Löffler. *Mo geschl. | Plantage Kerklaan 36 | Tel. 020 7 60 86 00 | Tram 14 Artis | Centrum | H4*

39 REM

Ein Kuriosum im alten Holzhafen: In den 1960ern stand dieses Turmkonstrukt in der Nordsee und beherbergte einen Piratensender, später diente es als Wassermessstation. 2011 platzierte man es im Holzhafen, wo es nun als Restaurant mit Panoramaaussicht dient. Serviert werden neuholländische Gerichte. *Tgl. | Haparandadam 45 | Tel. 020 6 88 55 01 | rem.amsterdam | Bus 48 Haparandaweg | West | b7*

INSIDER-TIPP
Lecker essen mit Hafenblick

40 RIJSEL

Rijsel ist der flämische Name der nordfranzösischen Stadt Lille – und deren rauer Charme ist in dieser Rotisserie Programm. Serviert werden einfache, aber perfekt zubereitete Gerichte, von bretonischer Fischsuppe bis Côte de Boeuf mit gebackenen Kartoffeln. Sa/*So geschl. | Marcusstraat 52b | Tel. 020 4 63 21 42 | rijsel.com | Metro 51, 53, 54 Wibautstraat | Oost | H7*

41 DE ROZENBOOM

Winziges Restaurant mit altholländischem Dekor und ebensolcher Küche. Pfannkuchen, Suppen, *stamppot* und andere Klassiker der lokalen Volksküche. *Tgl. | Rozenboomsteeg 6 | Tel. 020 6 22 50 24 | Metro 52, Tram 4, 14, 24 Rokin | Centrum | a3*

42 THE SEAFOOD BAR

Fischrestaurant nahe dem Museumplein, in dem es sowohl 3-Gänge-Menüs als auch Fish & Chips und kleine Häppchen gibt – alles fangfrisch und aus nachhaltiger Zucht oder Fischerei. *Tgl. | Van Baerlestraat 5 | Tram 2, 3, 5, 12 Van Baerlestraat | Zuid | E5*

43 DE STRUISVOGEL

Winziges Kellerlokal mit gutem Bistro-Essen. Es gibt verschiedene Drei-Gänge-Menüs à 34,50 Euro, nur mit Biofleisch zubereitet. *Tgl. | Keizersgracht 312 | Tel. 020 4 23 38 17 | Tram 13, 17 Westermarkt | Centrum | F4*

44 HOTEL DE GOUDFAZANT ★

Angesagtes Restaurant in einem Industriegebiet in Noord. Unterm riesigen Kronleuchter werden in Lagerhausatmosphäre französisch-niederländische Gerichte serviert. *Mo geschl. | Aambeeldstraat 10h | Tel. 020 6 36 51 70 | Bus 38 Hamerstraat | Noord | K2*

45 Ô BISTRO

Traditionelles französisches Bistro im Jordaan. Man sitzt an langen Tischen und fühlt sich, als wäre man bei den Besitzern Pierre und Daniele zu Hause eingeladen. Die einfachen Gerichte sind bezahlbar und lecker. *So–Di geschl. | Lindengracht 248 | Tel. 06 55958583 | obistro.nl | Tram 5 Nieuwe Willemsstraat | Centrum | F2*

RESTAURANTS €

46 CANNIBALE ROYALE

Fleisch, Fleisch und nochmal Fleisch steht auf der Karte von Cannibale Royale – in einem Interieur voller makabrer Vintage-Objekte. Immer voll, laut und bis 1 Uhr nachts geöffnet. *Tgl. | Handboogstraat 17–19 | Tel. 020 2 33 71 60 | cannibaleroyale.nl | Tram 2, 12, 13, 17 Koningsplein | Centrum | a4*

INSIDER-TIPP
Für den späten Hunger

47 PANNENKOEKENBOOT

Pfannkuchen bis zum Abwinken serviert das Pannenkoekenboot, kombiniert mit Belag vom Büfett und einer 75-minütigen Rundfahrt über das IJ, vom alten Holzhafen über den Hauptbahnhof bis zu den Östlichen Hafeninseln. *Tgl. zwischen 12.30 und 17.45 Uhr, genaue Zeiten unter pannenkoekenboot.com | Erwachsene 21,50, Kinder 3–11 Jahre 16 Euro | Abfahrt bei der NDSM-Werft | Gratisfähre zur NDSM-Werft vom Hauptbahnhof | Noord | b7*

48 BIRD

Die Wände zieren Fotos des thailändischen Königs, aus der Stereoanlage quäkt Asiapop. Dieses Takeaway ist vor allem bunt, laut und ziemlich lustig. Nicht verwechseln mit dem gleichnamigen, viel teureren Restaurant gegenüber! *Tgl. | Zeedijk 77 | Tel. 020 4 20 62 89 | Metro 51, 53, 54 Nieuwmarkt | Centrum | c2*

49 BURGERMEESTER

Saftige Burger noch und nöcher, in allen Varianten und nach Wunsch blutig, medium oder well done, bekommt man bei dieser kleinen Kette. Keine Reservierungen! *Tgl. | Utrechtsestraat 8 | Tram 4, 14 Rembrandtplein | Centrum | c4*

50 FOU FOW RAMEN

Große Schüsseln voll dampfender, japanischer Nudelsuppen: mit oder ohne Fleisch, mit oder ohne Chili, dazu hausgemachte Gyoza-Taschen. Ideal zur Stärkung beim Shoppen. *Mo. geschl. | Elandsgracht 2a | Tram 5, 13, 17, 19 Elandsgracht | Centrum | E4*

51 KADIJK

Von außen scheinbar ein Café, aber auf der Karte stehen bezahlbare indonesische Spezialitäten. Leckere Makrele. *Tgl. | Kadijksplein 5 | Tel. 020 1 77 44 41 | Bus 22 Kadijkslpein | Centrum | H4*

52 PALOMA BLANCA

Zuckersüßen Minztee und köstlichen Couscous gibt es bei dem Marokkaner, aber keinen Alkohol. *Mo geschl. | Jan Pieter Heijestraat 145 | Tel. 020*

Wo Ramen so gut wie in Japan schmeckt? In Amsterdam! Zum Beispiel bei Fou Fow Ramen

7 71 46 06 | Tram 7, 17 Jan Pieter Heijestraat | West | D5

53 PANCAKES!

Winziges Pfannkuchenrestaurant in einer Shoppingstraße. Leckere, dünne Pfannkuchen und kinderfreundliche Bedienung. Keine Reservierungen! *Tgl. | Berenstraat 38 | Tram 13, 17 Westermarkt* | Centrum | F4

54 SARAVANAA BHAVAN

Wer hätte gedacht, dass man sich in Amsterdam so sehr wie in Indien fühlen kann? Groß und laut und immer voller Inder ist dieses Restaurant, in dem die Gerichte in authentischen Aluschälchen serviert werden. Von der Karte versteht man höchstens die Hälfte, also heißt es experimentieren. *Tgl. | Stadhouderskade 123 | Tel. 020 7 53 12 50 | Tram 4 Stadhouderskade* | Zuid | G6

55 SEMHAR

Beim Äthiopier werden die pikanten Gerichte statt mit Messer und Gabel mit einem Stück Pfannkuchen in der Hand gegessen. Dazu gibt's Bananenbier und Mokka mit Weihrauch. *Mo geschl. | Marnixstraat 259–261 | Tel. 020 6 38 16 34 | Tram 5 Bloemgracht* | Centrum | E3

56 @ WARUNG MARLON

Preisgünstiger surinamischer Imbiss am Albert Cuypmarkt. Vor allem die *saoto*-Suppe (Hühnersuppe mit Zitronengras und Ei) und die Backbananen sind ein Hit. *Tgl. | keine Reservierungen | Eerste Van der Helststraat 55 | Metro 52 De Pijp* | Zuid | G6

57 WATERKANT

Unwahrscheinlicher kann der Ort kaum sein: Unter den zwei riesigen Zufahrtspiralen des Parkhauses Europarking hat sich das coole Bar-Restaurant Waterkant niedergelassen, das vor allem im Sommer gut besucht ist. Es gibt Bier und Cocktails sowie surinamische Spezialitäten, von Erdnusssuppe über Roti bis hin zu Kabeljau mit Kassave. *Tgl. | Marnixstraat 246 | waterkantamsterdam.nl | Tram 5, 13, 17, 19 Elandsgracht* | Centrum | E4

STREETFOOD

58 VLAAMS FRIETHUIS VLEMINCKX

Der Straßenstand verkauft die besten Pommes von ganz Amsterdam, weshalb davor prinzipiell eine lange Schlange von Wartenden steht. Dazu gibt es 20 Sorten (!) Mayonnaise. *Tgl. | Voetboogstraat 31 | Tram 2, 11, 12 Koningsplein* | Centrum | a4

59 TJIN'S

Surinamische Brötchen sind exotisch, lecker und bezahlbar. Hier bekommt man für 4 Euro z. B. ein Sandwich mit gepökeltem Rindfleisch und Schlangenbohnen. *Tgl. | Van Woustraat 17 | Tram 4 Stadhouderskade* | Zuid | G6

60 MAOZ FALAFEL

Bei Maoz gibt es arabische Kichererbsenbällchen in Pitabrot, dazu Selbstbedienung nach Herzenslust am Salatbüffet. *Tgl. | Muntplein 1 | Metro 52, Tram 4, 14, 24 Rokin* | Centrum | b4 | *weitere Filialen Leidsestraat 85, Damrak 40*

SHOPPEN & STÖBERN

Amsterdam ist ein echtes Shoppingparadies. Die vielen Geschäfte in der Innenstadt sind auch sonntags geöffnet, und die Verkäufer bleiben selbst bei großem Gedränge erstaunlich freundlich.

Das Zentrum des Einkaufsgeschehens liegt im Dreieck Dam, Muntplein und Leidseplein. Im Einkaufszentrum Kalvertoren shoppt es sich auch bei schlechtem Wetter schön trocken. Was Amsterdam jedoch als Einkaufsziel besonders interessant macht, sind gerade die kleinen Läden, die zu keiner Kette gehören. Eine bunte Mischung

Alle Adressen in diesem Kapitel findest du auf der Faltkarte

Klar, stylish, nachhaltig, divers – modern-urbanes Einkaufen im Concept Store Sukha

aus solchen Shops und netten Cafés findet sich außer in den *9 straatjes* noch in der Utrechtsestraat und auf dem Haarlemmerdijk. Alltägliche Dinge und Lebensmittel kaufen die Amsterdamer gerne auf Straßenmärkten, allen voran der Albert Cuypmarkt, auf dem man auch ungewöhnliche Mitbringsel finden kann.

WO AMSTERDAM SHOPPT

MARCO POLO HIGHLIGHTS

★ **ANTIQUARIAAT KOK**
Alte Bücher und Drucke bis zum Abwinken ➤ S. 78

★ **PUCCINI**
Handgemachte Pralinen mit exotischen Zutaten ➤ S. 80

★ **KAASHUIS TROMP**
Paradies für Kaaskoppen ➤ S. 79

★ **HAJENIUS**
Zwischen Holzvertäfelung und Kristalllüstern liegt das Paradies für Zigarrenliebhaber ➤ S. 84

★ **BIJENKORF**
Traditionsreiches Kaufhaus am Dam ➤ S. 81

★ **ALBERT CUYPMARKT**
Multikultureller Freiluftmarkt ➤ S. 81

★ **IJ-HALLEN**
Der größte Flohmarkt Europas ➤ S. 82

★ **HEINEN DELFTS BLAUW**
Hier gibt's das echte Delfter und anderes handbemaltes Porzellan ➤ S. 84

IJ Hallen
NOORD
Westerdok
Westerdoksdijk
S100
Ranonkelkade
De Ruijterkade
Het IJ
Nieuwe Westerdokstr.
Amsterdam Centraal
Michiel de Ruijtertunnel
IJ-tunnel
Keizersgracht
Herengracht
HEREN- & PRINSENSTRAAT
Klein, aber fein – von Schokolade bis Mode
De Ruijterkade
Piet Heinkade
Spuistraat
Voorburgwal
KALVERSTRAAT & NIEUWENDIJK
Große Modeketten lassen Teenieherzen höher schlagen
Damrak
Oosterdok
S116
Bijenkorf
Raadhuisstr.
Singel
Nieuwezijds
Rokin
CENTRUM
Antiquariaat Kok
Nieuwmarkt
Hajenius
Valkenburgerstr.
Nieuwe Herengracht
Puccini
Waterlooplein
Muiderstr.
Singel
Amstel
Plantage Middenlaan
SPIEGELGRACHT
Antiquitäten, Kunst & Kuriosa
Weesperstraat
Nieuwe Keizersgr.
Amstel
Vijzelstra
Reguliersgracht
Keizersgracht
Nieuwe Prinsengracht
Nieuwe Achtergracht
Kaashuis Tromp
S112
Prinsengracht
Weesperplein
Mauritskade
Wetering-schans
Vijzelgracht
Sarphatistraat
400 m
437 yd
S100
UTRECHTSESTRAAT
Idealer Stöbermix aus kleinen Boutiquen und netten Cafés
Stadhouderskade
Wibautstraat
Amsteldijk
Albert Cuypmarkt

ANTIQUITÄTEN

1 EDUARD KRAMER

Antike holländische Wandkacheln für jedes Budget, von Barock bis Jugendstil und von weiß-blau bis bunt führt dieses Geschäft. *Nieuwe Spiegelstraat 64 | antique-tileshop.nl | Tram 1, 7, 19 Spiegelgracht | Centrum | F5*

2 ANTIEKCENTRUM AMSTERDAM

Antiekcentrum Amsterdam ist der größte überdachte Antikmarkt der Niederlande. Über 70 Stände und mehrere Läden finden sich im labyrinthischen Gebäude an der Lijnbaansgracht, wobei mancher Stand kaum größer ist als eine Vitrine. Verkauft wird alles von Porzellan über Spielzeug bis hin zu Möbeln.

INSIDER-TIPP **Tische voller Trödel**

Samstag und Sonntag zwischen 11 und 16 Uhr dürfen Hobbyhändler einen Tisch im Eingangsbereich mieten. *Elandsgracht 109 | Tram 5, 7, 19 Elandsgracht | Centrum | E4*

3 NEEF LOUIS

Streng genommen keine Antiquitäten, sondern Vintagemöbel stapeln sich in der alten Lagerhalle in Noord. Zwischen Schultischen und Werkstattlampen finden sich auch viele Designerstücke – mit entsprechendem Preis. *Papaverweg 46–48 | neeflouis.nl | Bus 38 Klaprozenweg | Noord | b7*

WOHIN ZUERST?

Das typischste Shoppingviertel Amsterdams bilden die **9 Straatjes** *(E–F4)*, neun kleine Straßen, die zwischen Westermarkt und Leidsegracht von West nach Ost verlaufen: Reestraat, Runstraat, Berenstraat und ihre Verlängerungen. Dort gibt's kleine Läden mit breitem Angebot, von Designermode über Kunstbücher und Trödel bis zu holländischem Käse – und viele nette Cafés. Man erreicht die *9 straatjes* von den Stationen Westermarkt (Tram 13, 17), Dam (Tram 13, 14) oder Spui (Tram 2, 11, 12) aus.

BÜCHER

4 ANTIQUARIAAT KOK ★

Ein Paradies für jeden Bücherfreund ist dieses riesige, rümpelige Antiquariat. Man findet auch viele alte Landkarten und Drucke, teils schon mit Passepartout. *Oude Hoogstraat 18 | kok.nvva.nl | Metro 51, 53, 54 Nieuwmarkt | Centrum | c3*

5 ATHENAEUM

Eine der bestsortierten Buchhandlungen der ganzen Stadt. Im angrenzenden Zeitungsladen findet man jede noch so exotische Zeitschrift. *Spui 14–16 | Tram 12, 11, 12 Spui | Centrum | a3*

6 BOEKENMARKT OUDEMANHUISPOORT

Dieser kleine Büchermarkt liegt gut geschützt in einer Passage aus dem 18. Jh. im Universitätsviertel. *Oude-*

Im Kräuterparadies: Bei Jacob Hooy & Co geht's zu wie zu Zeiten der Ostindischen Compagnie

manhuispoort | *Metro 52 Rokin* | Centrum | c3

DELIKATESSEN

Wie international Amsterdam ist, spürt man besonders in den *tokos,* kleinen exotischen Läden mit thailändischen, surinamischen und indischen Lebensmitteln. Aber auch niederländische Supermärkte führen exotische Gewürze, die dort wesentlich billiger als anderswo in Europa. Dank der ehemaligen Kolonie Indonesien findest du dort eine riesige Auswahl – von getrocknetem Zitronengras über Kreuzkümmel bis hin zu Bockshornklee.

7 DE BIERKONING

2000 Biersorten aus aller Welt, darunter viele unbekannte regionale, verkauft der „Bierkönig". *Paleisstraat 125* | *bierkoning.nl* | *Tram 2, 11, 12 Dam* | Centrum | a2

8 JACOB HOOY & CO

Diesen Gewürzladen zu betreten ist, als ob man eine kleine Zeitreise unternehmen würde. 500 Kräuter und Gewürze verströmen ihren Duft. Gelagert werden sie in goldbeschrifteten Holzschubladen und Fässern. Hinter der Theke stehen etwa 30 Gläser mit *drop* – salziger oder süßer holländischer Lakritze. *Kloveniersburgwal 10–12* | *jacob-hooy.nl* | *Metro 51, 53, 54 Nieuwmarkt* | Centrum | c2

9 KAASHUIS TROMP ★

Niederländischer und internationaler Käse stapelt sich in diesem kleinen Laden an der Utrechtsestraat bis unter die Decke. Das Personal ist sehr gerne behilflich und lässt einen auch probieren. *Utrechtsestraat 90 | Tram 4 Prinsengracht* | Centrum | *G5*

10 STADSMARKT DE PIJP

Lebensmittel direkt vom Bauern gibt es in diesem Edelsupermarkt, darunter auch Mitbringsel wie zum Beispiel regionale Käsespezialitäten, Erdnussbutter, salzige Lakritze oder Gebäck. *Van Woustraat 103 | Tram 4 Ceintuurbaan, Tram 3 Van Woustraat* | De Pijp | *G6*

11 PUCCINI ★

Schokoladenliebhabern läuft bei Puccini garantiert das Wasser im Mund zusammen. Denn Puccinis Pralinen sind groß und ebenso lecker wie ungewöhnlich: Hier wird Schokolade mit Thymian, Mohn oder Zitronengras kombiniert. *Staalstraat 17 | Metro 51, 53, 54, Tram 14 Waterlooplein* | Centrum | *c4*

GALERIEN

12 GALERIE FONS WELTERS

Hier gibt es zeitgenössische niederländische Kunst, oft von der sperrigen Sorte. *Bloemstraat 140 | fonswelters.nl | Tram 5 Bloemgracht* | Centrum | *E3*

13 RON MANDOS GALERIE

Eine der bekanntesten Galerien für internationale zeitgenössische Kunst. Mal gibt es Themenausstellungen, mal Werkschauen einzelner Künstler. *Prinsengracht 282 | ronmandos.nl | Tram 13, 17 Westermarkt* | Centrum | *E4*

Im Pralinen-Paradies Puccini: Vielleicht nimmst du besser nur abgezähltes Geld mit?

KAUFHÄUSER

14 BIJENKORF ★

Schick und teuer ist das 1870 gegründete Kaufhaus. Im marmorvertäfelten Erdgeschoss locken Gucci & Co, in den oberen Stockwerken auch bezahlbarere Designerlabels. *Dam 1 | Tram 4, 14, 24 Dam | Centrum | b2*

15 HEMA

Aus der „Holländischen Einheitspreisgesellschaft" ist inzwischen eine Art niederländischer Ikea geworden. Hier gibt es Klobürsten, Sofakissen oder Babystrampler, alles mit minimalistisch-fröhlichem Design. *Z. B. im Shoppingcenter Kalvertoren | Kalverstraat/Heiligeweg | Metro 52, Tram 4, 14, 24 Rokin | Centrum | b4*

KURIOSES

16 THE OTHERIST

Schaukästen mit Glasaugen, Schmetterlingen, Apothekenzubehör und Schmuck: *The Otherist* ist eine moderne Wunderkammer mit ausgefallenem Warenangebot zum Stöbern. *Leliegracht 6 | otherist.com | Tram 13, 17 Westermarkt | Centrum | a2*

17 HET MUIZENHUIS

Die Mäusehaus-Bilderbücher von Karina Schaapman kennt inzwischen wohl jedes Kind. Aber auch ohne Kinder lohnt sich ein Blick in den Mäusehausladen im Jordaan: Vom Boden bis zur Decke türmen sich dort die Miniaturhäuser voller winziger Möbel und Mäusefiguren. Oft steht die Autorin selber an der Kasse. *Mi–So 11–18 Uhr | Eerste Tuindwarsstraat 1 | Tram 3 Marnixplein | Centrum | F3*

MÄRKTE

Blumen und Blumenzwiebeln kauft man am besten auf den Wochenmärkten! Dort kosten sie nur halb so viel wie auf dem Blumenmarkt am Singel.

18 ALBERT CUYPMARKT ★

Aus dem Vollen schöpfen: Auf diesem größten und bekanntesten Freiluftmarkt Amsterdams geht es in jeder Hinsicht multikulturell zu. Zu erleben, riechen und kaufen gibt es Gemüse, Fisch, Käse, Gewürze und Blumen, aber auch indische Stoffe und afrikanisches Haargel. Zwischendurch stärkt man sich an den vielen Imbissen mit Kost aus der ganzen Welt – vom surinamischen Brötchen bis zur Honigwaffel. Am meisten ist samstags los. Am Montagmorgen ist der Markt dagegen relativ verlassen. *Mo–Sa 9.30–17 Uhr | Metro 52, Tram 3, 12, 24 De Pijp | Zuid | G6*

> **INSIDER-TIPP**
> Samstag ist bester Markttag!

19 DAPPERMARKT

Weinger bekannt, ähnlich vielfältig, aber günstiger als der Albert Cuypmarkt ist der *Dappermarkt* im angesagten Stadtteil Oost. *Mo–Sa 10–16.30 Uhr | Dapperstraat | Tram 14 Pontanusstraat | Tram 1, 3 Dapperstraat | Oost | K5*

20 BLUMENMARKT

Hier gibt es alles: Tulpen- und Narzissenzwiebeln sowie Zimmerpflanzen und Souvenirs – allerdings alles zu gesalzenen Preisen. *Mo–Sa 9.30–17 Uhr | Singel 610–616 | Metro 52 Rokin, Tram 24 Muntplein | Centrum | a4*

21 IJ-HALLEN ★

Einmal im Monat pilgert halb Amsterdam zur NDSM-Werft, wo Europas größter Flohmarkt stattfindet. Die riesigen Werfthallen sind beeindruckend, das Angebot gebrauchter Waren ist gigantisch. Die aktuellen Termine gibt es online. *Sa/So 9–16.30 Uhr | Eintritt 5 Euro | TT Neveritaweg 1 | ijhallen.nl | Gratisfähre vom Hauptbahnhof zur NDSM-Werft | Noord | b7*

22 NOORDERMARKT

Um die Noorderkerk herum kann man jeden Montag Trödel kaufen und sich samstags mit Ökoprodukten eindecken. Der Bummel über den Biomarkt lässt sich mit einem Gang über den Wochenmarkt in der direkt angrenzenden Lindengracht ergänzen. *Mo 9–16 Uhr Flohmarkt, Sa 9–16 Uhr Biomarkt | Noordermarkt und Westerstraat | Tram 3 Marnixplein | Centrum | F2*

23 WATERLOOPLEIN

Der einzige tägliche Flohmarkt der Stadt auf dem Waterlooplein. Hier findet sich alles Mögliche und Unmögliche, von Fahrradschläuchen über Weihrauchschwenker bis hin zu Lederjacken aus zweiter Hand. *Mo–Sa 10–17 Uhr | Waterlooplein | Metro 51, 53, 54 Waterlooplein, Tram 14 Mr. Visserplein | Centrum | c4*

MODE & ACCESSOIRES

24 NATUREL

Kleiner Laden mit Mode von niederländischen und internationalen Labels wie Sessun, No Mans Land oder Monique van Heist. *Utrechtsestraat 21 | Tram 4 Keizersgracht | Centrum | G5*

25 KO

Hier gibt es designigen Schnickschnack aller Art, von Handtaschen über Schmuck bis zu Lifestyle-Büchern und Wohnaccessoires. *Wolvenstraat 9 und 11 | Tram 4, 14, 24, Metro 52 Rokin | Centrum | a3*

26 JUTKA & RISKA

Ein bisschen ab vom Schuss, aber für die Vintagemode und -accessoires aus den 1970er- und 1980er-Jahren, gemischt mit neuer Ware vom eigenen Label der Schwestern Jutka und

Urbaner Angebotsmix auch bei Sissy Boy: Mode, Wohndesign, Kinderspielzeug

Riska Volkerts, lohnt sich dieser Abstecher auf jeden Fall. *Bilderdijkstraat 194 | Tram 3 Kinkerstraat, Tram 5, 13, 17, 19 Bilderdijkstraat | West | D4*

27 MARLIES DEKKERS

Flagshipstore der „Grande Dame" der niederländischen Dessousmode. Die rüschenlose, sehr sexy Unterwäsche wird in einem luxuriösen Schneewittchen-Ambiente in einer der 9 Straatjes präsentiert. *Berenstraat 18 | Tram 13, 17 Westermarkt | Centrum | F4*

28 BRAND MISSION

Den Jeans und Basics merkt man es nicht an, aber die kleine Boutique ist auf Fair-Trade-Mode spezialisiert. Ein Teil des Gewinns geht an Bildungsprojekte in der Dritten Welt. *Haarlemmerstraat 36 | 10 Min. Fußweg vom Hauptbahnhof | Centrum | G2*

29 SISSY BOY

Niederländische Modekette, die auch Wohnaccessoires, Kinderkleidung und Spielzeug verkauft. *KNSM-laan 19 | Tram 7 Azartplein | Oost | L3*

30 X BANK

Der 700 m² große Laden im Hochparterre des Hotels The Exchange quillt vor niederländischer Designerware fast über. Mode, Kunst, Accessoires sind wie ein Regenbogen nach Farben sortiert. Billig ist das alles nicht, aber man kann stundenlang stöbern. *Spuistraat 172 | Tram 13, 17 Dam | Centrum | a2*

31 CIRCLE OF TRUST

Concept Store mit großer Bandbreite an Labels für ihn und sie – Kleidung, Taschen, Gürtel und Schuhe. *Ferdinand Bolstraat 47 | Tram 3, 12, 24, Metro 52 De Pijp | De Pijp | F6*

32 SUKHA

Schöne Dinge für die Wohnung, nicht ganz billige Mode aus feinen Stoffen – fast alles handgemacht und nachhaltig – gibt es in diesem Concept Store. *Haarlemmerstraat 110 | 10 Min. Fußweg vom Hauptbahnhof* | Centrum | F2

SCHMUCK & DIAMANTEN

33 GASSAN DAM SQUARE

Für den kleinen Edelsteinkauf zwischendurch: der große Diamanthandel direkt am Dam. Außer Diamantschmuck gibt's hier auch kostbare Markenuhren. *Rokin 1–5 | Tram 4, 14, 24 Dam* | Centrum | b2

34 AMSTERDAM VINTAGE WATCHES

„Pay more, buy less" ist das Motto dieses Familienbetriebs. Edle alte Armbanduhren, von Rolex über Omega bis hin zu Breitling und Cartier, alle frisch gewartet und aufgearbeitet. *Singel 414 | amsterdamvintagewatches.com | Tram 2, 11, 12 Spui* | Centrum | a3

SCHUHE

35 ANTONIA BY YVETTE

Der winzige Laden ist bis unter die Decke vollgepfropft mit Pantoffeln und Clogs aller Art. Im Sommer gibt es auch Flip-Flops, im Winter Gummistiefel. *Gasthuismolensteeg 16 | Tram 2, 11, 12 Spui* | Centrum | a2

36 SHOEBALOO

Futuristisch und spacig ist das gleißend weiße Innenleben dieses Schuhladens. Das Angebot besteht aus Luxusschuhwerk von Prada & Co. *Koningsplein 5 | Tram 2, 11, 12 Koningsplein* | Centrum | a4

37 UNITED NUDE

Niederländisches Schuhdesign mit Auge für ausgefallene Absätze vom Neffen des berühmten Architekten Rem Koolhaas. *Spuistraat 125a | Tram 2, 11, 12 Spui* | Centrum | a2

SOUVENIRS

38 HEINEN DELFTS BLAUW ★

Vater Jaap und Sohn Joris bemalen das Porzellan zum Teil noch selbst, verkaufen aber vor allem Ware aus den Königlichen Manufakturen in Delft. Im zweiten Stock kann man Porzellanmalern bei der Arbeit zusehen oder bei Workshops selber Hand anlegen. *Muntplein 12–14 | Metro 52 Rokin, Tram 24 Muntplein* | Centrum | b4

INSIDER-TIPP
Dem Künstler über die Schulter schauen

39 SPIEGEL

Dieser Souvenirladen kommt ganz ohne Holzschuhe und Tulpenzwiebeln aus. Zum Angebot gehören stattdessen allerlei originelle Mode- und auch Wohnaccessoires von niederländischen Designern, von günstig bis exklusiv. *Nieuwe Spiegelstraat 2 a | Tram 14, 24 Muntplein* | Centrum | a4

TABAK

40 HAJENIUS ★

In dem üppigen Empireinterieur dieses alteingesessenen Tabakwarengeschäfts mit Holzvertäfelung und Kristalllüstern werden schon seit 1826 Tabak, Zigaretten und handgerollte Zigarren verkauft. Man kann sich auch vor Ort seine höchstpersönliche Zigarre rollen lassen. *Rokin 92 | Metro 52, Tram 4, 14, 24 Rokin | Centrum | b3*

INSIDER-TIPP
Individuell qualmen

WOHNDESIGN

41 DROOG@HOME

Mitte der 1990er-Jahre wurde Droog Design mit seinen experimentellen Entwürfen bekannt. Seit einigen Jahren hat das Designerkollektiv einen eigenen Laden mit Galerie. Etwas versteckt im Obergeschoss liegt das *Café Droog*, wo man es sich nachmittags lange bei High Tea für zwei mit unbegrenzt Tee gemütlich machen kann. *Staalstraat 7b | droog.com | Metro 51, 53, 54 Waterlooplein | Centrum | b3*

INSIDER-TIPP
Tee & Häppchen im Designercafé

42 FROZEN FOUNTAIN

Unkonventionelle niederländische Designideen vom Stuhl bis zur Lampe, die nicht von der Stange kommen, dafür aber etwas mehr kosten. *Prinsengracht 645 | Tram 5, 7, 19 Elandsgracht | Centrum | F4*

43 WAAR

Bei Waar kaufst du außer Fair-Trade-Lebensmitteln auch Geschirr, Vasen, Körbe und Badaccessoires mit modern-minimalistischer Formgebung. *Haarlemmderijk 57 | ditiswaar.nl | 10 Min. Fußweg vom Hauptbahnhof | Centrum | F2*

„Trockenes Design"? Das Kollektiv Droog hat eine Schwäche für Experimente. Und Ironie

AUSGEHEN & FEIERN

Vor allem am Wochenende scheint Amsterdam überhaupt nicht zu schlafen. Die ganze Nacht hindurch herrscht im Zentrum Trubel: Taxis und Radfahrer verstopfen die Gassen, im Sommer sind die vielen Straßencafés voll besetzt. Mittelpunkt des nächtlichen Vergnügens sind Leidseplein und Rembrandtplein. Weniger touristisch geht es rund um den Nieuwmarkt und im Viertel De Pijp zu.

Traditionell beginnt der Abend mit der *borreluur;* nach Büroschluss trifft man sich vor allem am Donnerstag und Freitag in einem *bruin*

Alle Adressen in diesem Kapitel findest du auf der Faltkarte 🕮

Holzvertäfelt, urig, *gezellig: In 't Aepjen* ist ein *bruin café,* eine braune Kneipe, wie von früher

café zu Bier und Häppchen. Für Kulturbeflissene gibt es unzählige Theater, allerdings größtenteils auf Niederländisch. Keine Sprachprobleme haben Besucher bei den berühmten holländischen Tanzgruppen und Musikensembles wie dem *Concertgebouworkest* oder dem *Nederlands Dans Theater.* Tickets sollte man am besten im Voraus kaufen, denn abends sind die meisten Vorstellungen ausverkauft. Höhere Dezibelzahlen bieten die vielen Clubs und Konzertsäle, darunter einige in ungewöhnlichen Locations wie einer alten Kirche oder im Keller eines Hochhauses.

WO AMSTERDAM AUSGEHT

MARCO POLO HIGHLIGHTS

★ **IN DE WILDEMAN**
Entscheiden schwer gemacht: In dem uralten *proeflokaal* gibt es mehr als 200 Biersorten ➤ S. 92

★ **ESCAPE**
Giga-Club mit House-Klängen ➤ S. 93

★ **PARADISO**
Pop, Rock und Techno in sakraler Umgebung ➤ S. 93

★ **GRACHTENFAHRTEN AM ABEND**
Einzigartig: nachts über die Kanäle gleiten ➤ S. 132, 95

★ **TUSCHINSKI**
Sehenswertes Kino – innen und außen ➤ S. 96

★ **CONCERTGEBOUW**
Eins der berühmtesten Orchester genießt hier die legendäre Akustik ➤ S. 96

★ **HET MUZIEKTHEATER**
Etwas für jede Gemütslage: Von experimentellem Tanz bis hin zu großen Opern ➤ S. 96

★ **STADSSCHOUWBURG**
Theaterpalast am Leidseplein mit großem Programm ➤ S. 97

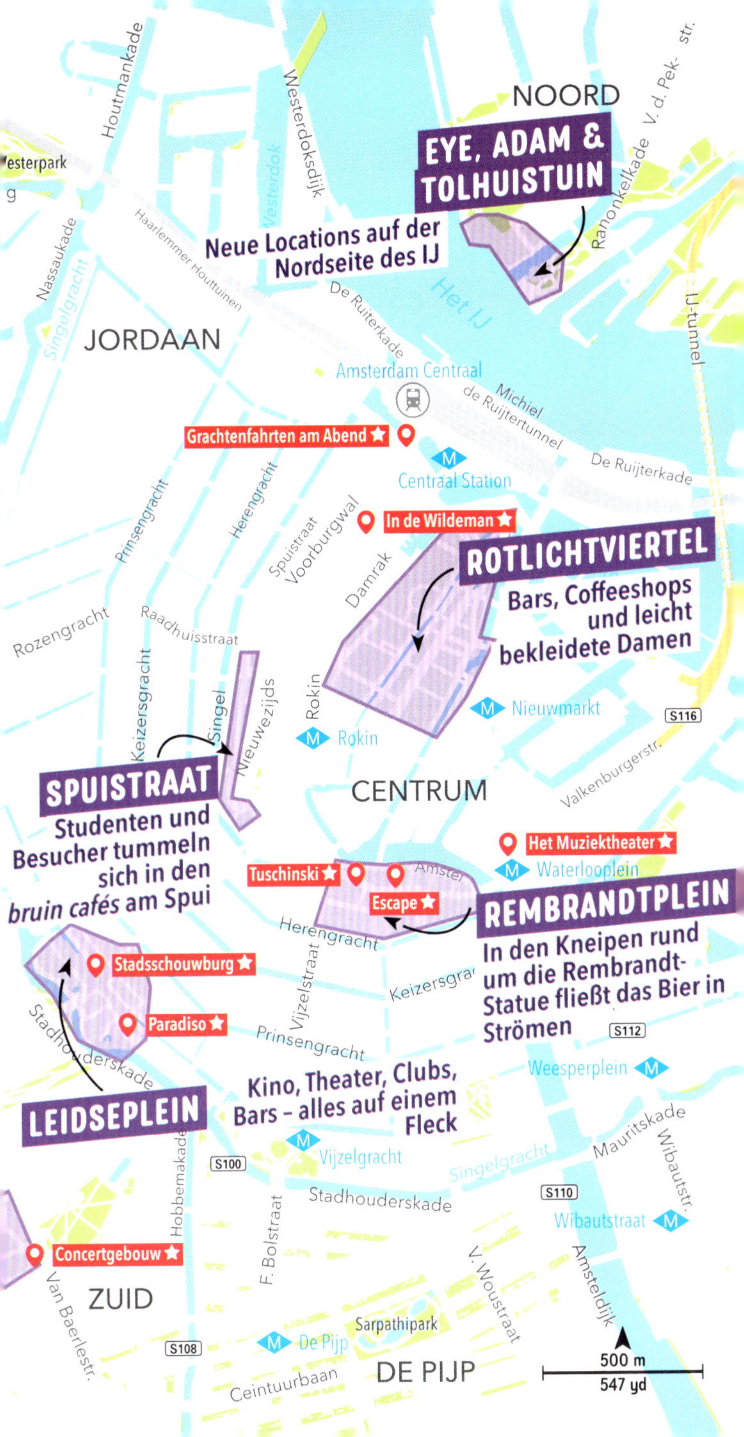
NOORD
EYE, ADAM & TOLHUISTUIN
Neue Locations auf der Nordseite des IJ
JORDAAN
Amsterdam Centraal
Grachtenfahrten am Abend
Centraal Station
In de Wildeman
ROTLICHTVIERTEL
Bars, Coffeeshops und leicht bekleidete Damen
Nieuwmarkt
Rokin
SPUISTRAAT
Studenten und Besucher tummeln sich in den bruin cafés am Spui
CENTRUM
Het Muziektheater
Waterlooplein
Tuschinski
Escape
REMBRANDTPLEIN
In den Kneipen rund um die Rembrandt-Statue fließt das Bier in Strömen
Stadsschouwburg
Paradiso
Weesperplein
Kino, Theater, Clubs, Bars – alles auf einem Fleck
LEIDSEPLEIN
Vijzelgracht
Wibautstraat
Concertgebouw
ZUID
Sarpathipark
De Pijp
DE PIJP
500 m
547 yd
Houtmankade
Westerdoksdijk
Westerdok
Haarlemmer Houttuinen
Nassaukade
Singelgracht
De Ruiterkade
Het IJ
Ranonkelkade
V. d. Pek-str.
IJ-tunnel
Michiel de Ruijtertunnel
De Ruijterkade
Prinsengracht
Herengracht
Spuistraat
Voorburgwal
Damrak
Rozengracht
Raadhuisstraat
Keizersgracht
Singel
Nieuwezijds
Rokin
S116
Valkenburgerstr.
Amstel
Herengracht
Vijzelstraat
Keizersgra
Prinsengracht
Stadhouderskade
S112
Mauritskade
Wibautstr.
Singelgracht
S110
S100
Hobbemakade
Stadhouderskade
F. Bolstraat
V. Woustraat
Amsteldijk
Van Baerlestr.
S108
Ceintuurbaan

BARS

1 APT.

Die angesagte kleine Cocktailbar teilt sich das historische Odeon-Gebäude am Singel mit der Brauerei *Hoppa* und dem legendären *Supperclub*. Bei *Apt.* wird geschüttelt und gerührt bis in die frühen Stunden. *So–Mi 19–2, Do–Sa 19–4 Uhr | Singel 460 | Tram 12, 11, 12 Koningsplein | Centrum | a4*

2 CAFÉ BRECHT

Wer in Amsterdam ein deutsches Fußballspiel sehen will, hat es dank der traditionellen Rivalität zwischen der *elftal* und der deutschen Mannschaft nicht leicht. Ein Zufluchtsort ist Café Brecht, eine kleine Wohnzimmerbar im Berliner Stil, die alle Spiele auf großer Leinwand zeigt. *So–Do 11–1, Fr/Sa 11–3 Uhr | Weteringschans 157 | cafebrecht.nl | Tram 1, 7, 19, Metro 52 Vijzelgracht | Centrum | F5*

WOHIN ZUERST?

Amsterdams **Leidseplein** *(E5)* ist das Zentrum des Nightlife in der Stadt. Rund um den etwas chaotischen Platz herrscht abends Halligalli: in vielen Kneipen, aber auch in Kinos, Theatern und Clubs. Direkt am Platz stehen die Stadsschouwburg, das Kino City und das Kulturzentrum De Balie. In den Gassen rund herum verstecken sich Clubs wie Sugar Factory und Bourbon Street, Paradiso und Melkweg sind auch nicht weit. Tram 1, 2, 7, 11, 12 halten am Leidseplein.

3 W LOUNGE

Im Obergeschoss des schicken W Hotels wartet eine angesagte Cocktailbar mit Blick über die Dächer von Amsterdam und – jawohl! – Außenpool. Den kann man angesichts des holländischen Wetters zwar nicht allzu oft zum Schwimmen benutzen, aber im Sommer sitzt es sich sehr entspannt mit Füßen im Wasser und Drink in der Hand. *Tgl. bis 1 Uhr, Fr/Sa bis 2 Uhr | Spuistraat 175 | wamsterdam.com/wlounge | Tram 2, 11, 12, 13, 17 Dam | Centrum | a2*

4 MADAM

Ganz oben im Adam-Turm lockt die tollste Aussicht von Amsterdam, begleitet von Cocktails und clubbiger Musik. *Tgl. ab 21.30 Uhr (vorher Restaurantbetrieb) | Overhoeksplein 3 | Gratisfähre vom Hauptbahnhof zum Buiksloterweg | Noord | G2*

5 NOL

Echte Jordaan-Bar mit Blumentapeten und Kristalllüstern. Oft schmettert die Stammkundschaft die holländischen Schlager vom Band mit. *Westerstraat 109 | Tram 3 Marnixplein | Centrum | F3*

6 DOOR 74

Dieses Speakeasy liegt zwar eigentlich mitten im Rummel am Rembrandtplein, versteckt sich aber hinter einer unscheinbaren Tür in einer Seitenstraße. Unbedingt telefonisch reservieren! *So–Do 20–3, Fr/Sa 20–4 Uhr | Reguliersdwarsstraat 74 | Tel. 06*

Im Biergarten der *Brouwerij 't IJ* kannst du dich durch die Vielfalt der Hausprodukte probieren

34 04 51 22 | door-74.com | Tram 4, 14 Rembrandtplein | Centrum | G5

CAFÉS & KNEIPEN

Unter der Woche sind Cafés und Kneipen meist bis ein Uhr geöffnet, am Wochenende zwei Stunden länger.

7 IN 'T AEPJEN

Ein *bruin café,* wie sie früher mal waren: holzvertäfelt, etwas abgerockt, ohne Zugeständnisse an Touristen. Obendrein liegt die Kneipe in einem der ältesten Häuser Amsterdams, das 1519 erbaut wurde. *Tgl. bis 1 Uhr, Fr/Sa bis 3 Uhr | Zeedijk 15 | 3 Minuten Fußweg vom Hauptbahnhof | Centrum | c1*

8 BROUWERIJ 'T IJ

Einer der wenigen Biergärten in Amsterdam, direkt neben einer historischen Windmühle gelegen. In der Mühle sitzt die lokale Brauerei 't IJ, deren Biere alle 100 % ökologisch und ungefiltert sind. Jeden Fr, Sa, So kann man um 15.30 Uhr an einer englischsprachigen Führung durch die kleine Brauerei teilnehmen, Eintritt 7,50 Euro inklusive einem Bier. *Tgl. 14–20 Uhr | Funenkade 7 | Tram 7 Hoogte Kadijk | Oost | K4*

INSIDER-TIPP
Mal was anderes als Heineken

9 DE CEUVEL

Auf der alten Werft liegen Hausboote auf dem Trockenen und dienen als Arbeitsräume für Kreative. Das Café wurde komplett aus Secondhand-Materialien gezimmert und serviert Bioessen zu Lokalbier. Lecker sind die *bitterballen,* die einmal

INSIDER-TIPP
Vegetarische Bällchen

nicht aus Fleisch, sondern aus Pastinaken gemacht sind. Hier trifft sich vor allem im Sommer alles, was jung und alternativ ist. *Di/Mi 12–22, Do–So 12–23 Uhr | Korte Papaverweg 4 | Metro 52 Noorderpark, Bus 391, 394 Mosplein | Noord | b6*

10 DE OOSTERLING

Traditionskneipe mit original Amsterdamer Publikum, über 100 Jahre in Familienbesitz. Rustikale Holzeinrichtung, viele Biersorten, keine Musik. *Utrechtsestraat 140 | Tram 1, 4, 7, 19 Frederiksplein | Centrum | G5*

11 BAR BOTANIQUE

Der Name ist Programm: In dieser karibisch anmutenden Bar ist alles grün und voller Pflanzen. Die Weinauswahl ist groß, das Publikum jung und international. Sonntagnachmittags spielt oft eine Liveband. *So–Do 9–1, Fr/Sa 9–3 Uhr | Eerste Van Swindenstraat 581 | Tram 14 Javaplein, Tram 19 Eerste Van Swindenstraat | Oost | K5*

12 IN DE WILDEMAN ★

Dieses *proeflokaal* in einer alten Schnapsfabrik sieht aus wie eine Mischung aus Kneipe und altertümlicher Apotheke. Über 200 Biersorten, 17 davon vom Fass. *So geschl. | Kolksteeg 3 | Tram 12, 11, 12, 13, 17 Nieuwezijds Kolk | Centrum | b1*

13 WYNAND FOCKINK

1679 eröffnetes winziges *proeflokaal* (Probierstube) in einer Gasse neben dem Krasnapolsky-Hotel. Dahinter liegt die Brennerei, in der die 60 Hausschnäpse hergestellt werden. Der goldfarbene Genever De Vijf lagert fünf Jahre im Eichenfass und schmeckt so samtig wie guter Whiskey. Nur bis 21 Uhr geöffnet! *Tgl. | Pijlsteeg 31 | Tram 4, 9, 16, 24 Dam | Centrum | b2*

INSIDER-TIPP
Gold auf der Zunge

CLUBS

Die Amsterdamer Clubszene ist ziemlich entspannt: Dresscodes gibt es kaum, und die Türsteher stellen meist kein echtes Problem dar. Manchmal muss man nur ganz geduldig Schlange stehen. Um sich so richtig ausgiebig ins Nachtleben stürzen, lohnt sich das *@Amsterdam Nightlife Ticket (amsterdamnightlifeticket.com):* Für 10 Euro verschafft es zwei Tage lang freien Eintritt zu 20 verschiedenen Clubs.

14 BITTERZOET

Wer genug hat von Techno und Elektro wird bei *Bitterzoet* fündig, denn hier stehen freundlichere Klänge wie Jazz, Soul und Funk auf dem Programm. An Werktagen häufig Konzerte. *Eintritt 17 Euro | Spuistraat 2 | bitterzoet.com | Tram 2, 11, 12, 13, 17 Nieuwezijds Kolk | Centrum | b1*

15 CLUB AIR

Großer Club mit elektronischen Klängen und mehrstöckiger Tanzfläche. Ein Prepaid-System vereinfacht das Bezahlen an der Bar. *Amstelstraat 16 | air.nl | Tram 4, 14 Rembrandtplein | Centrum | c4*

16 ESCAPE ★

Einer der größten Clubs: Bis zu 2500 Gäste finden in den vier Sälen Platz. Im größten Saal namens *The Club* läuft vor allem Techno und House, während es in den kleinen Sälen auch mal R&B gibt. *Eintritt ab 10 Euro | Rembrandtplein 11–15 | escape.nl | Tram 4, 14 Rembrandtplein | Centrum | b4*

17 CANVAS OP DE 7E

Das Konzept von Canvas ist: tagsüber Restaurant, abends Club. Im obersten Geschoss des Volkshotels warten Cocktails und ein spektakulärer Blick über die Dächer von Amsterdam. DJ-Sets am Freitag und Samstag. *Eintritt je nach Veranstaltung | Wibautstraat 150 | volkshotel.nl/en/canvas | Metro 51, 53, 54 Wibautstraat | Oost | H6*

18 MELKWEG

Legendäres Kulturzentrum in einer früheren Molkerei. Wechselndes Programm mit Konzerten, Club-Abenden, Filmen und Ausstellungen. *Café ab 13, Küche 18–21 Uhr | Eintritt je nach Veranstaltung 4–15 Euro | Lijnbaansgracht 234 | melkweg.nl | Tram 1, 2, 7, 11, 12, 19 Leidseplein | Centrum | E5*

19 PARADISO ★

Der Konzertsaal ist in einer ehemaligen Kirche untergebracht und zählt seit den Tagen des Punk zu den festen Institutionen im Amsterdamer Nachtleben. Wechselnde Veranstaltungen, wochenends legen Techno-DJs auf. Seit 2016 gibt es eine Filiale im Tolhuistuin in Noord, wo kleinere,

INSIDER-TIPP
Ableger vom Paradies

Praise the music: Im Paradiso geben Bands den Ton in einer ausgedienten Kirche an

Bewährter Club im spektakulären Neubau: Im Bimhuis gibt's den Jazz direkt am Wasser

experimentellere Bands auftreten. *Eintritt bis zu 20 Euro | Weteringschans 6–8 | paradiso.nl | Tram 1, 2, 7, 11, 12, 19 Leidseplein | Centrum | F5*

20 SHELTER

Underground im wahrsten Sinne des Wortes: Der Club Shelter liegt im Keller des Adam-Turms am Nordufer des IJ, und sein unterirdischer Eingang wird erst hochgefahren, wenn die Sonne untergegangen ist. Auf der Karte steht Techno in allen Varianten. *Fr/Sa ab 23 Uhr | Eintritt ab 14 Euro | Overhoeksplein 1 | shelteramsterdam.nl | Gratisfähre vom Hauptbahnhof zum Buiksloterweg | Noord | G2*

21 CLUB UP

Über der Künstlervereinigung *De Kring* befindet sich der selbsternannte „geselligste Club der Stadt". Hier herrscht entspannte Atmosphäre bei Hip-Hop und karibischen Klängen. *Do–Sa | Eintritt ab 10 Euro | Korte Leidsedwarsstraat 26-1 | clubup.nl | Tram 1, 2, 7, 11, 12, 19 Leidseplein | Centrum | F5*

22 WESTERUNIE

Jedes Wochenende legen niederländische DJs in einer Halle der alten Westergasfabrik auf. In den riesigen, zwölf Meter hohen Saal passen bis zu 800 Besucher. *Klönneplein 4 | westerunie.nl | Tram 5 Van Hallstraat | West | D1*

23 JIMMY WOO

Angesagter Club mit chinesischem Touch. Auf einer riesigen Tanzfläche unter zwölftausend Glühlampen tummeln sich die Jungen und Schönen von Amsterdam bei House. Danach entspannt man sich in der Lounge auf schwarzen Ledersofas zwischen asiatischen Anitquitäten. *Eintritt ab 10 Euro | Korte Leidsedwarsstraat 18 | jimmywoo.com | Tram 1, 2, 7, 11, 12, 19 Leidseplein | Centrum | E5*

GRACHTENFAHRTEN

Im Dunkeln über die ★ Grachten gleiten – was könnte in Amsterdam romantischer sein? Eine Stunde lang fährt das Boot der *Rederij Lovers (tgl. alle 30 Minuten zwischen 18 und 22 Uhr | 9 Euro | Prins Hendrikkade 25–27, gegenüber vom Hauptbahnhof | Tel. 020 5 30 10 90 | lovers.nl | G3)* entlang beleuchteter Brücken und Grachtenhausfassaden durch die Altstadt. Hin und wieder erhascht man auch einen Blick ins Innere eines erleuchteten Hausboots.

Wer mehr Zeit hat, kann auch die *Evening Cruise* bei *Amsterdam Canal Cruises (tgl. 19–22 Uhr zur vollen Stunde | 18,50 Euro | Stadhouderskade 550 | Tel. 020 6 76 03 02 | amsterdamcanalcruises.nl | F6)* buchen. Dort dauert die Rundfahrt mit Audioguide 90 Minuten und gibt es eine Bar an Bord.

JAZZCLUBS

24 BIMHUIS

1974 gegründete, international bekannte Jazzbühne in einem spektakulären Neubau am Wasser. Mo–Mi ab 22 Uhr Jamsessions. *Juli und Aug. geschl. | Piet Heinkade 3 | Tel. 020 7 88 21 88 | Tram 26 Muziekgebouw | Centrum | H3*

25 BOURBON STREET

1990 als Bluesclub gegründet, steht bei Bourbon Street inzwischen jede Form von Livemusik im Mittelpunkt – von Jazz über Soul bis Funk und Folk. *So–Do 22–4, Fr/Sa bis 5 Uhr | Leidsekruisstraat 6–8 | bourbonstreet.nl | Tram 1, 2, 7, 11, 12, 19 Leidseplein | Centrum | F5*

26 JAZZCAFÉ ALTO

Abend für Abend ab 21 Uhr gibt es in dieser winzigen Bar Livekonzerte, meist mit freiem Eintritt. Es spielen unbekannte, aber auch bekanntere lokale Combos, und die Bandbreite reicht hier von Latin Jazz bis Funk. Am Wochenende ist es oft rappelvoll. *Tgl. ab 21 Uhr | Korte Leidsedwarsstraat 115 | jazz-cafe-alto.nl | Tram 1, 2, 7, 11, 12, 19 Leidseplein | Centrum | F5*

KASINO

27 HOLLAND CASINO

Eins der modernsten Kasinos Europas in einem auffälligen Rundbau. Unter der bunten Glaskuppel darf Roulette, Black Jack, Poker etc. spielen, wer über 18 Jahre alt ist, sich ausweisen kann und dem anspruchsvollen Dresscode entspricht. *Tgl. 12–3 Uhr | Eintritt 5 Euro | Max Euweplein 62 | Tram 1, 2, 7, 11, 12, 19 Leidseplein | Centrum | E5*

KINOS

Alle Filme werden grundsätzlich in Originalsprache mit niederländischen Untertiteln gezeigt. Abendvorstellungen beginnen meist gegen 20 und 22 Uhr.

28 FC HYENA

Erst leckere Häppchen, dann ein guter Film: Das ist das Konzept von FC Hyena. Im Restaurant werden kleine Gerichte zum Teilen serviert, zubereitet in der offenen Küche. In den zwei Kinosälen – von denen einer mit Sofas statt Sitzen ausgestattet ist – gibt es aktuelle Arthouse-Filme. *Aambeeldstraat 24 | fchyena.nl | Tel. 020 3 63 85 02 | Bus 38 Hamerstraat, Fähre Oostveer: Zamenhofstraat | Noord |* *K2*

29 THE MOVIES

Weniger bekannt und kleiner als Tuschinski, aber das Ambiente ist fast genauso schön: Amsterdams ältestes Kino am Haarlemmerdijk, das 1912 eröffnet wurde. Das Interieur des Kinos und des dazugehörigen Café-Restaurants ist ganz im Art-déco-Stil gehalten. *Haarlemmerdijk 161 | Tel. 020 6 38 60 16 | Tram 3 Haarlemmerplein | Centrum |* *F2*

30 TUSCHINSKI ★

Wenn des Königs Mutter Beatrix einmal Lust auf Kino hat, dann geht sie ins Tuschinski. Und sie weiß, warum. Das Lichtspielhaus von 1921 ist ein architektonisches Prachtstück im Stil des Expressionismus. Vor allem im großen Saal, aber auch im Foyer fühlt man sich in vergangene Zeiten versetzt. Kuschelig ist es in der Loge: Dort mietet man für 48 Euro einen Love Seat für zwei Personen und bekommt Häppchen und Getränk zum Film gereicht. *Reguliersbreestraat 26 | Tel. 0900 14 58 | Tram 4, 14 Rembrandtplein | Centrum |* *G4*

INSIDER-TIPP
Kinoerlebnis für Turteltäubchen

KONZERTE & BALLETT

31 CONCERTGEBOUW ★

Das *Concertgebouworkest* der niederländischen Hauptstadt gilt als eins der besten Orchester der Welt, und die Akustik in dem Konzerthaus ist legendär. Im Großen Saal hört man tatsächlich jede Stecknadel auf der Bühne fallen. Jeden Mittwoch (außer im Juli und August!) um 12.30 Uhr gibt es ein kostenloses, halbstündiges Lunchkonzert. Freitickets online buchen! *Concertgebouwplein 10 | Tel. 0900 6 71 83 45 | concertgebouw.nl | Tram 3, 5, 12 Museumplein | Zuid |* *E6*

32 MUZIEKGEBOUW AAN 'T IJ

Im Glaspalast am Wasser wird in zwei Sälen v. a. Zeitgenössisches gespielt. Seitenwände, Decke und Boden des Saals sind beweglich, sodass die Akustik perfekt auf jede Musikart abgestimmt werden kann. *Piet Heinkade 1 | muziekgebouw.nl | Tram 26 Muziekgebouw | Centrum |* *H3*

33 HET MUZIEKTHEATER ★

Beim Bau 1986 war die moderne Trutzburg am Waterlooplein umstritten. Inzwischen haben sich die Amsterdamer mit ihr abgefunden – bekamen sie zum neuen Rathaus doch auch die einzige Opernbühne der Niederlande. Sie nennen den Monumentalbau *Stopera,* eine Zusammensetzung aus Stadhuis (Rathaus) und Opera. Im Foyer gibt es von Sept.–Mai dienstags um 12.30 Uhr kostenlose Lunchkonzerte. *Waterlooplein 22 | Tel. 020 6 25 54 55 | Metro 51, 53, 54, Tram 14 Waterlooplein |* Centrum | *c4*

INSIDER-TIPP
Konzert zum Nulltarif

THEATER

34 BOOM CHICAGO

1993 von ein paar amerikanischen Comedians gegründet, ist Boom Chicago – obwohl englischsprachig – inzwischen eine Amsterdamer Institution. Die Stand-up- und Comedy-Vorstellungen drehen sich um aktuelle, oft politische Themen. *Im Rozentheater | Rozengracht 117 | Tel. 020 4 23 01 01 | boomchicago.nl | Tram 13, 117 Marnixstraat |* Centrum | *E3*

Das Tuschinski ist ein Kino? Schon der prachtvolle Bau verlangt den Titel Lichtspieltheater

35 STADSSCHOUWBURG ★

Das 1894 eröffnete Stadttheater liegt hinter einer üppigen Neorenaissancefassade am Leidseplein. Auf dieser Bühne werden Klassiker von Ibsen bis Tschechow aufgeführt – auf Niederländisch. Im Sommer finden hier aber auch viele internationale Vorstellungen des Holland Festival statt. *Leidseplein 26 | stadsschouwburgamsterdam.nl | Tram 1, 2, 7, 11, 12 Leidseplein |* Centrum | *E5*

AKTIV & ENTSPANNT

Fühlt sich garantiert nicht an wie Sport: Radeln durch Amsterdam

SPORT, SPASS & WELLNESS

AUF UND IM WASSER

Ja, im Amsterdamer Stadtgebiet kann man windsurfen. Nicht auf den Grachten, aber auf dem IJsselmeer. Beim *Surfcenter IJburg (Mai–Okt. Mi, Do, Fr 14–Sonnenuntergang, Sa/So 11.30–18.30 Uhr | Reservierung nur per Mail: info@surfcenterijburg.nl | surfcenterij burg.nl | Tram 26 IJburg, dann 5 Min. Fußweg | Oost | 🕮 0)* kannst du ab 25 Euro/Std. ein komplettes Windsurfset mieten.

Wer lieber auf Körper- statt Windkraft setzt, mietet sich ein Tretboot *(pedal boat)* bei der *Stromma-Reederei (25 Euro/Std., 35 Euro/2 Std. | max. 4 Pers. pro Boot | short.travel/ams10 | Centrum)* und erkundet damit auf eigene Faust die Amsterdamer Grachten. Anlegestellen für die Boote findet man beim *Rijksmuseum (Stadhouderskade 520)*, am *Leidseplein (Stadhouderskade 11)* und beim *Anne Frank Huis (Prinsengracht 279)*.

Auch für SUP-Freunde ist Amsterdam ein ideales Revier. Bei *Canal Sup (Crynssenstraat 16 | canalsup.nl | Tram 1 Surinameplein | West | 🕮 C5)* mietet man ein Brett ab 15 Euro/Std. und kann nahe dem Vondelpark direkt lospaddeln.

Sich ganz klassich dem Schwimmsport hingeben kann man im *Zuiderbad (Mo 7–18, Di 7–11, 12–22, Mi 7–9, 12–22, Do 7–10.30, 19–22, Fr 7–22, Sa 8–15, So 13–15.15 Uhr | Eintritt 5,55 Euro | Hobbemastraat 26 | Tram 2, 5, 12 Rijksmuseum | Zuid | 🕮 F6)*. Seit 1912 hat sich in Amsterdams schönstem Schwimmbad nicht allzu viel verändert. An Werktagen sind jeden Morgen zwei Bahnen für Bahnenschwimmer reserviert.

WELLNESS

Das Interieur der *Sauna Déco (Mo, Mi, Do, Fr 11–22, So 13–19 Uhr | Eintritt ab 26 Euro | Herengracht 115 | Tel. 06 45 28 69 71 | saunadeco.nl | Tram 2, 11, 12, 13, 17 Nieuwezijds Kolk | Centrum |*

Ideales Revier: Vom SUP-Board aus bieten sich ganz neue Perspektiven auf Amsterdam

(🕮 F3) stammt aus einem Pariser Kaufhaus der 1920er-Jahre, das der Abrissbirne zum Opfer fiel. Im stilvoll-luxuriösen Ambiente gönnt man sich entspannende Hydromassagebäder, Dampfbäder, Maniküren oder Fußmassagen. Schwimmbad, Fitnessraum und Sauna vom *Hotel Jakarta* sind auch für Nicht-Gäste zugänglich. Eine andere Form von Wellness bietet *Koan Float (tgl. 9.30–23 Uhr | 47,50 Euro/60 Min. | koanfloat.nl | Herengracht 321 | Tram 4, 14, 24, Metro 52 Rokin | Centrum | 🕮 F4)*: Man treibt schwerelos in einer mit warmem Salzwasser gefüllten Kabine. Dazu darfst du die Lichtfarbe regulieren und Musik nach Wahl hören, um dich hinterher wie neugeboren zu fühlen.

FUSSBALL GUCKEN

Die Heimat des Amsterdamer Fußballclubs Ajax ist die *Johan Cruijff Arena (Arena Blvd. 1 | Metro 50, 54 Strandvliet/Arena | johancruijffarena.nl, ajax.nl) | Zuidoost | 🕮 0)*. Der weiße Riesenbau hockt wie ein Raumschiff auf der Wiese, hat ein ausfahrbares Dach und fasst beinahe 50 000 Zuschauer. Tickets für Heimspiele gibt es online, im Fanshop der Arena oder in Ticket-Box-Verkaufsstellen (meist Kioske und Zeitschriftenläden). Wer mag, macht eine Stadiontour *(tgl. alle 30 Min. zwischen 9.30 und 16.30 Uhr, Sa/So nur Audiotours per App aufs eigene Smartphone | 18 Euro)*.

IM HÜPFPARADIES

Schuhe aus und los! Im Indoor-Trampolinpark *Jumpsquare (Mo–Fr Kernzeit 14.30–21, Sa/So 9.30–20 Uhr | ab 14 Euro | jumpsquare.nl | Daniël Goedkoopstraat 1 | Metro 51, 53, 54 Spaklerweg | Zuidoost | 🕮 0)* darf man nach Herzenslust hüpfen, springen und hopsen. Eigentlich erst ab 7 Jahre, aber es gibt auch Mini-Jump-Stunden für die Kleinsten.

FESTE & EVENTS

APRIL

Am 27. April ist Koningsdag. Bis 2013 feierten die Niederländer stets am 30. April ihre Königin Beatrix. Mit der Krönung von Willem-Alexander wurde der Feiertag auf dessen Geburtstag am 27. April verlegt. An diesem Tag verwandelt sich ganz Amsterdam in einen riesigen Flohmarkt, Horden Bier trinkender Holländer in orangefarbenen T-Shirts schieben sich durch die Straßen. Großes Openairkonzert auf dem Museumplein. Fällt der 27.4. auf einen Sonntag, findet das Fest am 26.4. statt.

MAI

Bevrijdingsfestival: Die Befreiung von der deutschen Besatzung im Zweiten Weltkrieg wird in jedem Jahr am 5. Mai mit einem ganztägigen Open-Air-Festival auf dem Museumplein gefeiert. *4en5meiamsterdam.nl*

JUNI

Open Tuinen Dagen: Jedes Jahr öffnen 30 Grachtengärten am 3. Juniwochenende ihre Türen für Besucher. *opentuinendagen.nl*

Holland Festival: Zwei Wochen gastieren Tanzkompanien und Theatertruppen aus aller Welt in der Stadt. Hauptveranstaltungsort ist die Stadsschouwburg am Leidseplein. *hollandfestival.nl*

JULI

Roots Festival: Eine bunte Mischung internationaler Weltmusikbands spielt zehn Tage lang an verschiedenen Orten der Stadt auf. Das Festival endet mit einem kostenlosen Open-Air-Konzert im Oosterpark. *amsterdamroots.nl*

Amsterdam Pride: farbenfrohe LBGT-Parade am letzten Juli- oder ersten Augustwochenende. *pride.amsterdam*

Die bunteste Party ist Amsterdam Pride – mit Bootsparade auf den Grachten

AUGUST

Grachtenfestival: Kultureller Höhepunkt des Amsterdamer Sommers. Publikumsmagnet ist das kostenlose ★ **Prinsengrachtkonzert** vor dem Pulitzer Hotel Mitte August. *grachten festival.nl*

Pluk de Nacht: Freiluftfilmfest über 10 Tage auf dem Stenen Hoofd am IJ-Ufer. *plukdenacht.nl*

SEPTEMBER

Open Monumentendag: Am 2. Samstag des Monats sind (fast) alle historischen Denkmäler der Stadt zugänglich. *openmonumentendag.nl*

OKTOBER

Grachtenrace: Ruderbootrennen auf den Grachten am 2. Samstag des Monats. *grachtenrace.com*

TCS Amsterdam Marathon: Marathonlauf quer durch die Stadt mit rund 45 000 Teilnehmern am 3. Sonntag im Oktober. *tcsamsterdammara thon.nl*

Amsterdam Dance Event: 2000 internationale Techno-, Electro-, House- und Hip-Hop-DJs besuchen alljährlich die 4-tägige Konferenz. Abends gibt es DJ-Sets und Konzerte. *amsterdam-dance-event.nl*

NOVEMBER

Am dritten Sonntag kommt **Sinterklaas** (Heiliger Nikolaus) per Boot beim Schifffahrtsmuseum an, um dort auf ein Pferd zu steigen und weiter zum Dam zu reiten. *sintinamsterdam.nl*

DEZEMBER

Am 5.12. ist **Pakjesavond** (Päckchenabend). Die Niederländer beschenken sich traditionell nicht an Weihnachten, sondern an diesem Tag. Ab 15 Uhr schließen die meisten Museen und steht das öffentliche Leben beinahe still.

SCHÖNER SCHLAFEN

SÜSSE SUITEN

Amsterdam hat viele bewegliche Brücken, die früher von Brückenwächterhäuschen aus bedient wurden. Heute geschieht das auf Abstand, weshalb viele der markanten Gebäude leer standen – bis 28 von ihnen als *Sweets Hotel (28 Zi. | Tel. 020 740 10 10 | sweetshotel.amsterdam | €€€)* zu Hotelsuiten umfunktioniert wurden. Nun kann man es sich an verschieden Orten in der Stadt eine Nacht lang zu zweit überm Wasser gemütlich machen. Frühstück wird auf Wunsch gebracht. Besonders schön ist Häuschen Nr. 103 – es liegt nur zehn Fahrradminuten vom Zentrum entfernt, aber trotzdem mitten im Grünen.

INSIDER-TIPP
Ein Zimmer im Grünen

SITZENBLEIBER

In die denkmalgeschützte ehemalige Tramremise wurden die 55 Zimmer vom *Hotel de Hallen (Bellamyplein 47 | Tel. 020 820 86 70 | hoteldehallen.com | Tram 7, 17 Ten Katestraat | €€ | West | D4)* als lose Einheiten eingebaut. Dazwischen liegt ein gemütliches Foyer, das mit seinen Kunstobjekten, Bildbänden und Sofas zum Sitzenbleiben einlädt. Direkt nebenan locken die *Foodhallen* (s. S. 62).

MINIATUR-REICH

Ein Kesselhäuschen von 1897, das einmal zu den Wasserwerken gehörte, beherbergt nun Amsterdams kleinstes Hotel – *De Windketel (Watertorenplein 8c | info@windketel.nl | windketel.nl | Tram 5 Van Hallstraat | €€€ | West | D2)*. Die einzige 2-Personen-Suite ist mit Möbeln niederländischer Designer eingerichtet und erstreckt sich über drei Geschosse.

INDUSTRIELLER AUFSCHWUNG

Exklusiver geht's nicht: Ganze drei Fünf-Sterne-Suiten zählt das *Faralda*

Fünf-Sterne-Suite in einem alten Kran? Echt jetzt? Traum, Digger!

Kranhotel (NDSM-Plein 78 | Tel. 020 7 60 61 61 | faralda.com | Gratisfähre vom Hauptbahnhof zur NDSM-Werft | Noord | b6) in einem ehemaligen Hafenkran auf der NDSM-Werft. Zwei Panorama-Aufzüge bieten Zugang, ein Whirlpool in 50 m Höhe sorgt für Entspannung. VIPs und internationale DJs wissen das zu schätzen und legen dafür gerne 500 Euro pro Nacht hin.

HOTEL? NEIN DANKE!

Wie wäre es stattdessen mit einer Übernachtung in einem Straßenbahnwaggon, hinter einer Geheimtür im Bücherregal oder in einem Haus im Haus? Die bezahlbaren Zimmer im *Hotel Not Hotel (23 Zi. | Piri Reisplein 34 | Tel. 020 8 20 45 38 | hotelnothotel.com | Tram 7, 17 Witte de Withstraat | € | West | C4)* sind allesamt in einer großen, gemeinschaftlichen Wohnlandschaft verteilt. Dazu gehört auch die (aus unerfindlichen Gründen nach dem Hollywood-Schauspieler benannte) Cocktailbar Kevin Bacon.

MASSGESCHNEIDERT

The Exchange (Damrak 50 | Tel. 020 5 23 00 80 | hoteltheexchange.com | Tram 4, 14, 24 Dam | €€ | Centrum | b2) ist die richtige Adresse für Modeliebhaber: Absolventen des Amsterdam Fashion Institute „kleideten" die 61 Zimmer auf originelle Weise „ein". Wer sich zu eigenen Kreationen inspiriert fühlt, kann sofort loslegen: In jedem Zimmer steht eine Nähmaschine.

SCHLAFEN STATT SCHIPPERN

Auf dem *Dreamship Somoya (Javakade 77 | booking.roomraccoon.com/somoya-dreamboat | Tram 26 Kattenburgerstraat | €€€ | Oost | K3)* übernachten Zwei in einer Gästekabine (eigenes Bad!) auf einem alten Lastkahn im östlichen Hafengebiet – typischer geht es kaum.

ERLEBNIS TOUREN

Lust, die einzigartigen Facetten der Stadt zu entdecken? Dann sind die Erlebnistouren genau das Richtige für dich! Ganz einfach wird es mit der MARCO POLO Touren-App: Die Tour über den QR-Code aufs Smartphone laden – und auch offline die perfekte Orientierung haben.

Innen Goldenes Zeitalter, außen ganz im quirlig-modernen Hier und Jetzt: das Rijksmuseum

Einfach QR-Code scannen und alle Karten & Infos zu unseren Touren auch unterwegs parat haben!

go.marcopolo.de/ams

DIE ERLEBNISTOUREN IM ÜBERBLICK

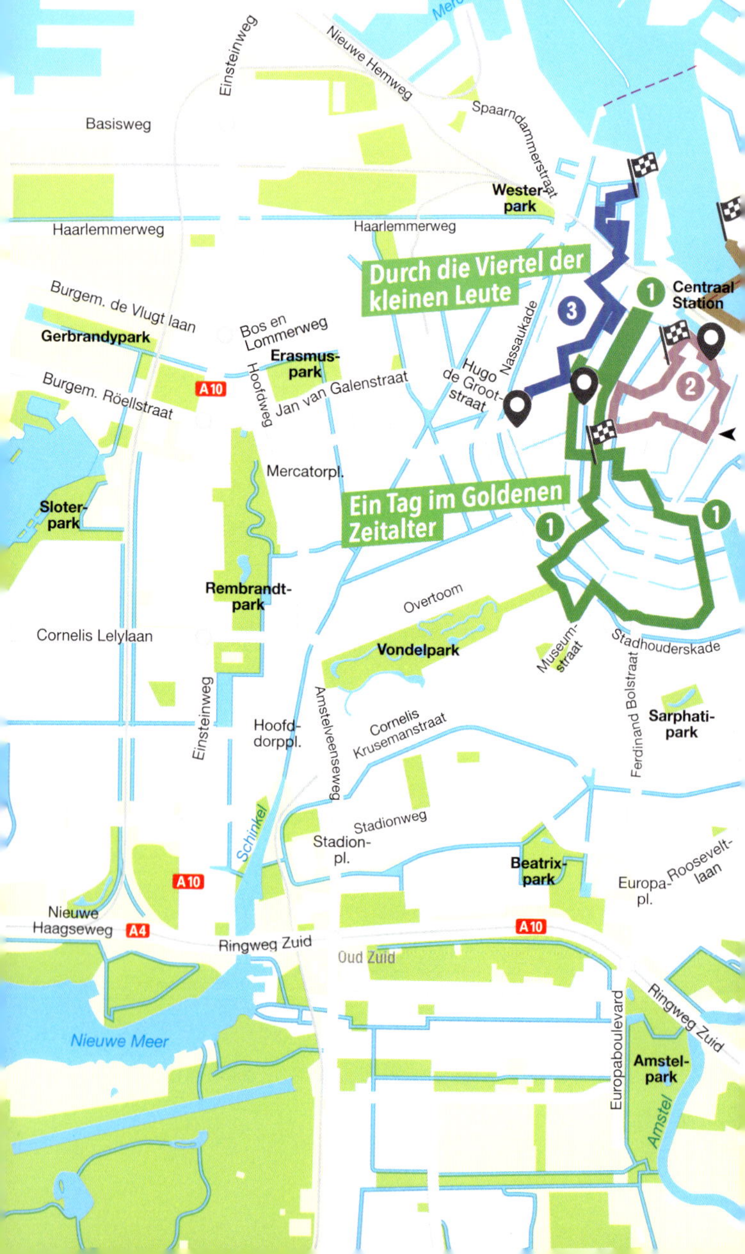

A10
N247
Kanaal
Noordhollands
Ringweg N.
IJdoorn-
laan
S116
Flora-
park
Johan van
Hasseltweg
W. H.
Vliegenbos
Zuiderzeeweg
IJtunnel
Neue Architektur am
Wasser
4
Het IJ
IJhaven
Piet Heinkade
Ertshaven
Leckeres
Amsterdam
4
Piet-Heintunnel
Zeeburger-
tunnel
Buiten-
IJ
Witten-
burger-
gracht
Entrepothaven
Zeeburgerdijk
Zuiderzeeweg
A10
IJmeer
Mauritskade
Linnaeus-
straat
Ooster-
park
Nieuwe
Diep
Wibautstraat
Ringweg Oost
Amsterdam-
Rijnkanaal
Amstel
Prins
Bernhard-
pl.
Middenweg
A1
Vrijheids-
laan
Gooiseweg
Martin
Luther King-
park
Die
Nieuwe Utrechtseweg
A10
A2
1 km
0.62 mi

❶ EIN TAG IM GOLDENEN ZEITALTER

- Den Grachtenring aus allen Blickwinkeln erleben
- Auf Tuchfühlung mit Rembrandt & Co.
- Altholländisch borrelen und schmausen

Westermarkt

Westermarkt

8,5 km

1 Tag, reine Gehzeit 2 Stunden

❺ **Grachtenhmuseum:** Eintritt 15 Euro
❼ **Rijksmuseum:** Eintritt 20 Euro

❶ Westermarkt

❷ Café t'Smalle

❸ Westertoren

❹ Grachtenring

SPÄTES FRÜHSTÜCK MIT AUSBLICK

Amsterdamer sind echte Langschläfer, deshalb fängt der ideale Amsterdam-Tag nicht vor zehn Uhr an, z. B. mit einem kleinen Frühstück in der Nähe des ❶ Westermarkts. *Geh in nördlicher Richtung ein Stück auf der Westseite der Keizersgracht entlang, bieg links in die Leliegracht ein, an deren Ende du die Brücken hinüber auf die Westseite der Prinsengracht überquerst. Weiter Richtung Norden stößt du hinter der nächsten Brücke links* auf das typische ❷ Café t'Smalle *(Egelantiersgracht 12)*. Dessen Interieur aus dem 18. Jh. ist noch komplett erhalten, und die sonnige kleine Terrasse an der Gracht ist im Sommer ein echter Logenplatz. Dort hat man auch bereits das nächste Ziel im Blick: den ❸ Westertoren ➤ S. 40, der unübersehbar *auf der gegenüberliegenden Seite der Prinsengracht* thront. Hoch ragt er über der Stadt auf, gekrönt von einer knallblauen Kaiserskrone. Alle Viertelstunde kann man dem Glockenspiel lauschen, das von einem automatischen Spielwerk aus dem Jahr 1659 gesteuert wird.

GRACHTEN, GRACHTEN, GRACHTEN

Nach den Glockenklängen schaust du dir den ❹ Grachtenring ➤ S. 38 mal aus der Nähe an. *Bieg direkt hinter der Westerkerk rechts und dann gleich wieder links ab und*

Innen urig, außen luftig am Grachtensaum: Frühstück im Café t'Smalle

du stehst erneut an der Keizersgracht. Hier reiht sich ein vornehmes Herrenhaus aus dem 17. Jh. ans andere; und dank der legendären *Gardinenlosigkeit* ➤ S. 25 bekommst du ungefragt Einblick in manch marmorvertäfeltes Interieur mit Stuckdecke. *Spazier an der Gracht entlang nach Norden.* Die meisten Grachtenhäuser haben schlichte Backsteinfassaden, aber dazwischen fällt immer wieder die ein oder andere Ausnahme auf, so z. B. auf der rechten Straßenseite das Haus mit den Köpfen *(Keizersgracht 123)*, dessen Fassade etwas glupschäugige Büsten griechischer Götter zieren. *Setz den Spaziergang in nördlicher Richtung fort bis zur Brouwersgracht,* gesäumt von den ehemaligen Lagerhäusern der Bierbrauer. *Bieg dort rechts ab. Über eine hübsche Fußgängerbrücke gelangt man zur* Herengracht, der schicksten der drei Hauptgrachten. *Schlendre nach Süden weiter,* dann fällt dir sicher das *Huis Bartolotti* ➤ S. 40 mit Hausnummer 170 auf, das in einer Biegung der Gracht steht und eine konkave Fassade zu haben scheint. Bist du zwi-

INSIDER-TIPP
Der Kurvenstar unter den Grachtenhäusern

❺ Grachtenmuseum

❻ Morlang

❼ Rijksmuseum

❽ Utrechtsestraat

schen Mittwoch und Sonntag hier? Dann kannst du das prächtige Haus auch von innen besichtigen. *Geh weiter, dann erreichst du nach etwa 10 Minuten* das ❺ Grachtenmuseum ➤ S. 41, wo du erfährst, wie der Grachtenring entstanden ist.

GUT GESTÄRKT DEN MEISTERWERKEN GEGENÜBERTRETEN

Inzwischen ist es Mittagszeit, und vermutlich knurrt nun der Magen. *Geh ein Stückchen weiter nach Süden und bieg an der nächsten Ecke rechts in die lauschige Leidsegracht und dann gleich wieder links in die Keizersgracht ab,* dann erreichst du schnell das schöne Café-Restaurant ❻ Morlang ➤ S. 62 mit einer Terrasse am Wasser. Ist der Hunger gestillt, geht es *mit Straßenbahnlinie 2 oder 12 ab Haltestelle Keizersgracht weiter zum* ❼ Rijksmuseum ➤ S. 52. Vom modernen Foyer aus betrittst du das ornamentale Innenleben des Prachtbaus. In den wunderschönen historischen Sälen kannst du für ein paar Stunden in das Goldene Zeitalter abtauchen und berühmte Meisterwerke von Rembrandt und Konsorten ebenso wie die kleine, aber feine Sammlung asiatischer Kunst bewundern.

LOCKRUF DER BOUTIQUEN & EIN DÜSTER-SCHÖNER FILMPALAST

Wer nach dem Museumsbesuch eine Atempause braucht, kann sich im Museumsgarten auf einer Bank niederlassen und den Kindern dabei zusehen, wie sie unermüdlich durch ein Wasserspiel hüpfen. Anschließend *verlässt du den Fußgängertunnel in nördlicher Richtung, gehst über die Museumbrug zur Weteringsschans und nimmst an der Haltestelle Spiegelgracht Tram 1, 7 oder 19 bis zum Frederiksplein.* Nun wird es gefährlich fürs Portemonnaie, denn jenseits der Grünanlage zu deiner Linken erstreckt sich Richtung Norden die ❽ Utrechtsestraat, in der sich jede Menge kleine Läden und Cafés aneinanderreihen. Es locken Pralinen in der Chocolaterie Van Soest *(Nr. 143),* Designermode bei Dante 6 *(Nr. 121)* oder einfach schöner Schnickschnack bei Maison NL

(Nr. 118). Am Ende der Utrechtsestraat liegt der trubelige Rembrandtplein und an seinem nordwestlichen Ende die Reguliersbreestraat, die zum Muntplein führt. Wirf einen Blick in das Foyer vom Filmtheater ⑨ Tuschinski ➤ S. 96 mit seiner herrlich düsteren Art-déco-Ausstattung. *Am Muntplein biegst du schräg rechts auf den Rokin und dann links in den Spui ab. Hinter der unauffälligen Holztür in der weißen Fassade auf der rechten Platzseite* wartet mit dem ⑩ Begijnhof ➤ S. 37 noch eine versteckte Oase im Shoppinggetümmel, die kurz vor Schließungszeit um 16 Uhr nicht allzu überlaufen ist.

⑨ Tuschinski

⑩ Begijnhof

MIT BIER IN DEN FEIERABEND, MIT GENEVER INS BETT

⑪ Café Hoppe

⑫ D'Vijff Vlieghen

⑬ Proeflokaal der Destille A. van Wees

① Westermarkt

Danach stürzt du dich am besten gemeinsam mit den Amsterdamern in die *borreluur* (Aperitifstunde) und gönnst dir z. B. ein Starkbier von der lokalen *Brouwerij 't IJ* in der uralten Stehkneipe ⑪ Café Hoppe ➤ S. 38, die an der *Westseite des Spui* liegt. Wenn der Tag stilvoll altholländisch ausklingen soll, findest du nur *wenige Meter weiter nördlich an der Spuistraat* das Restaurant ⑫ D'Vijff Vlieghen ➤ S. 66. Danach gehst du *ein Stück weiter in nördlicher Richtung die Straße entlang und biegst dann links in den Raamsteeg ab. Nachdem du den Singel überquert hast, biegst du rechts in die Herengracht* ab. Dort wartet noch ein Gläschen *Oude Genever* mit Blick auf die Gracht im ⑬ Proeflokaal der Destille A. van Wees *(Herengracht 319)*, bevor du gegen 22 Uhr wieder den ① Westermarkt und damit den Ausgangspunkt der Tour erreichst.

❷ LECKERES AMSTERDAM

- ➤ Von Amsterdam nach China in nur 5 Minuten
- ➤ Hering essen wie ein Holländer
- ➤ Die Qual der Wahl: Schokolade oder Käse?

Start: Centraal Station

Ziel: Centraal Station

Strecke: 4 km

Dauer: halber Tag, reine Gehzeit 1 Stunde

Info: Bring auf diesen Spaziergang ordentlich Appetit mit: Es geht quer durch die Wallen, von einem Delikatessenlädchen zum nächsten. Die Tour machst du (wegen der Öffnungszeiten der Probierstuben) am besten nachmittags.

PANNEKOEK ZUM AUFTAKT

In der Handelsstadt Amsterdam spielten Nahrungsmittel von Anfang an eine große Rolle. Als die ersten Bewohner

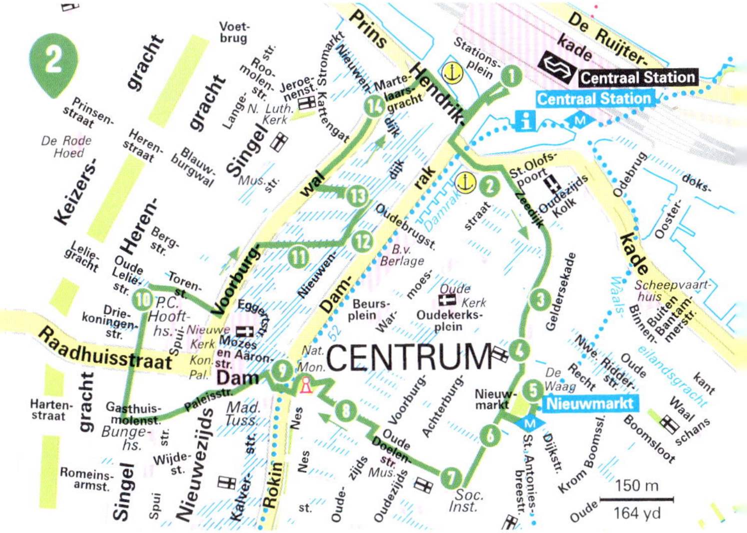

vor 700 Jahren die beiden Amstelufer mit einem Damm verbanden, entstand dort schnell ein Markt, auf dem Fischer aus der näheren und weiteren Umgebung ihren Fang verkauften. Produkte aus allen Windrichtungen wurden über Fluss oder Meer nach Amsterdam transportiert und direkt im Hafen verkauft. Der lag genau an der Stelle, wo heute die ① Centraal Station ➤ S. 30, Amsterdams Hauptbahnhof, steht – und *dort beginnt dein Spaziergang. Geh vom Bahnhofsvorplatz nach Süden und bieg vor dem Hotel Victoria links ab, bis du den Anfang des Nieuwebrugsteeg erreichst.* Noch nicht gefrühstückt? Dann lockt gleich auf der Ecke zunächst ein *pannekoek* bei ② Pancakes *(Prins Hendrikkade 48 F)*. Das älteste holländische Pfannkuchenrezept stammt aus dem Jahr 1439, und im Goldenen Zeitalter gehörten Pfannkuchen aus Buchweizenmehl zu den Grundnahrungsmitteln. Am typischsten ist die Kombination Apfel, Speck und Sirup.

① Centraal Station

② Pancakes

MITTEN IN CHINATOWN

Nun ist der Magen gefüllt, *nach rechts geht es weiter, du biegst in den Zeedijk ein und schlenderst ihn hinunter.* Bald fallen die chinesischen Straßenschilder und Läden auf, denn dies ist die Chinatown ➤ S. 34 von Amsterdam.

❸ Toko Dun Yong

INSIDER-TIPP
Chinaladen mit Charme

An der Ecke zum Stormsteeg solltest du einen Blick in ❸ Toko Dun Yong werfen, einen der ältesten Asialäden der Stadt. 1959 eröffnet, ist er noch immer in Familienbesitz. Im Erdgeschoss stapeln sich asiatische Lebensmittel, in den drei Obergeschossen kann man Woks, Dampfkörbe und ähnliches kaufen.

ENDLICH FISCH!

❹ Viswinkel Zeedijk

Vorbei an Auslagen mit Pekingenten und bunten Reisküchlein geht es *weiter den Zeedijk entlang.* Gerade, wenn du dich endgültig in Hongkong oder Shanghai wähnst, *stößt du bei Nr. 129* auf den winzigen ❹ Viswinkel Zeedijk, der duftenden Räucherfisch und besonders zarten Matjes verkauft. Der Heringshandel war von Anfang an ein wichtiger Wirtschaftszweig in Amsterdam, und Straßennamen wie *Haringpakkerssteeg* oder *Zoutsteeg* (Salzsteg) zeugen noch heute davon. Auch wer sonst kein Freund des fetten Fischs ist, sollte ihn hier einmal probieren – und zwar am besten in der ungeschnittenen Version. Einfach am Schwanz packen, Kopf in den Nacken legen und abbeißen! Gewürzgurken und Zwiebeln, mit denen Matjes sonst meist garniert wird, kommen echten Feinschmeckern übrigens nicht auf den Teller, da sie den Eigengeschmack des Fischs übertünchen.

KRÄUTER & KONTORE

❺ De Waag

❻ Jacob Hooy & Co

❼ Oost-Indisch Huis

Auf dem Nieuwmarkt ➤ S. 33 wird seit Jahrhunderten jeden Tag ein Markt abgehalten. Die Buden scharen sich um das einstige Stadttor ❺ De Waag ➤ S. 33 das ab 1618 als Stadtwaage diente. Hier ließen die Händler ihre Waren auf der geeichten Waage wiegen, damit sie beim Kauf von Käserädern und Korn nicht betrogen wurden. Rund um die Waage finden sich viele Cafés und Kneipen, aber auch kleine Delikatessenläden, Eissalons, Asia-Imbisse und der traditionsreiche Kräuterladen ❻ Jacob Hooy & Co ➤ S. 79 Dass in Amsterdam schon früh Kräuter, Gewürze und exotische Spezereien aller Art verfügbar waren, verdankte die Stadt der Ostindischen Handelskompanie. Deren ehemaliges Hauptquartier *liegt um die Ecke im* ❼ Oost-Indisch Huis, das du erreichst, wenn du *ein Stück am Kloveniersburgwal entlanggehst und rechts in die Oude Hoogstraat abbiegst.* Wirf einen Blick in den schönen Innenhof des Gebäudes vom Architekten Hendrick de Keyzer!

WACHOLDERSCHNAPS AUS DER PUPPENSTUBE

Durch die trubelige Oude Hoogstraat und Damstraat spazierst du weiter bis zum Oudezijds Voorburgwal. Geht man dort rechts und gleich wieder links, steht man im schmalen Pijlsteeg, an dessen Ende sich das puppenstubige Reich von 8 Wynand Fockink ➤ S. 92 versteckt. Probier ein Gläschen vom *Superior Genever.* Das Glas wird so randvoll geschenkt, das man es nicht hochheben, sondern sich zu ihm hinunterbeugen und den ersten Schluck freihändig wegschlürfen sollte. Leicht beschwingt *wanderst du dann weiter zum* 9 Dam, der im 16. Jh. als Fischmarktplatz diente – im Osten wurde Süßwasserfisch, im Westen Meeresfisch feilgeboten. Links liegt das zugeschüttete Hafenbecken des Rokin, und ein Stück weiter mündet die Shoppingstraße Kalverstraat, durch die einst Kälber zum Viehmarkt getrieben wurden, auf den Platz.

8 Wynand Fockink

9 Dam

Zum zentralen Dam, dem einstigen Fischmarkt, zieht es heute vor allem Besucherschwärme

Mehr als genug zu trinken: Über 200 Biersorten gibt's In de Wildeman

AUS DEM VOLLEN SCHÖPFEN: PRALINEN, WÜRSTE, 250 BIERE

Du lässt den Königlichen Palast ➤ S. 36 *rechts liegen und folgst der Paleisstraat bis zum ehemaligen Stadtgraben Singel, wo du rechts abbiegst. Jenseits der Torensluis-Brücke* wartet am Singel 184 eine echte Versuchung: die Designerpralinen von ⑩ Puccini ➤ S. 80, deren Rezepturen davon zeugen, dass die Niederländer noch heute gerne mit Gewürzen experimentieren. *Geh durch den Molsteeg zurück bis zur Nieuwe Kerk, bieg vor der Kirche links ab in den Nieuwezijds Voorburgwal und geh dann rechts in die Sint Nicolaasstraat. Bei Nr. 19* stößt du auf ⑪ Nicholas Groente & Fruit *(Di–So 13–20 Uhr).* Der kleine Delikatessenladen wurde von einem Amerikaner gegründet, hält aber viele holländische Spezialitäten parat. Hier kannst du würzige Trockenwürste vom Amsterdamer Wurstmacher Brand & Levie ebenso probieren wie alten Ziegengouda. Falls dir der Sinn doch mehr nach Süßem steht, *gehst Du am Ende der Sint Nicolaasstraat direkt auf eine echte Amsterdamer Institution zu:* die 1937 gegründete Konditorei ⑫ Van der Linde *(Mi/Do 11–17, Fr/Sa 10–17, So 12–17 Uhr | Nieuwendijk 183).* Draußen steht fast immer eine lange Schlange. Die meisten kommen fürs hausgemachte Vanille-Sahneeis – die einzige Eissorte, die es hier gibt. Niederländisches Eis hat mindestens zehn Prozent Fettgehalt, ist dafür aber lecker luftig. Danach lockt ein lokales Bier, z. B. von der *Brouwerij 't IJ*, das in der urigen Kneipe ⑬ In de Wildeman ➤ S. 92 serviert wird. Um dort hinzukommen, *gehst du den Nieuwendijk links ein Stück nach Norden und biegst links in den Kolksteeg ein. Die Bierstube findest du linker Hand, ein paar Meter vorm pittoresken, 1620 gebauten Häuschen der Kornmessergilde gegenüber.* Was man von außen nicht vermuten würde: In dem kleinen Lokal gibt es 18 Biere vom Fass und 250 aus der Flasche.

⑩ Puccini

⑪ Nicholas Groente & Fruit

⑫ Van der Linde

⑬ In de Wildeman

AUTOMATEN-NAHRUNG

Links vom Wildeman führt der Nieuwezijds Kolk zum Nieuwezijds Voorburgwal und zurück zum Ausgangspunkt. Hast du genug von kulinarisch wertvollen Häppchen und möchtest noch etwas Bodenständiges? Dann lockt *an der Ecke zum Nieuwendijk* die berühmt-berüchtigte 14 Automatiek FEBO *(Nieuwendijk 50)*, wo du eine warme Fleischkrokette aus dem Automaten ziehen und gemächlich rüber zur 1 Centraal Station schlenderst.

14 Automatiek FEBO
1 Centraal Station

3 DURCH DIE VIERTEL DER KLEINEN LEUTE

- Jordaan: ein Dorf in der Großstadt
- Shoppen und schlemmen rund um den Noordermarkt
- Den Massen entfliehen auf den Westlichen Hafeninseln

Lijnbaansgracht/Ecke Rozengracht

De Gouden Reael

4 km

halber Tag, reine Gehzeit 1 Stunde

Tram 5, 13, 17 Marnixstraat/Rozengracht zum Startpunkt

IN AMSTERDAMS ARMENHAUS

Du beginnst deinen Spaziergang an der 1 Lijnbaansgracht/Ecke Rozengracht *und gehst ein Stückchen an der Lijnbaansgracht nach Norden.* An dieser sehr langen Gracht, die einst direkt hinter der Stadtmauer verlief, wurden früher Seile und Taue aufgespannt und verflochten. Den besonderen Charme des Handwerkerviertels erkannte schon Rembrandt, der 1637 sein Atelier in ein Lagerhaus an der 2 Bloemgracht verlegte. An dieser Gracht stehst du, *wenn du an der zweiten Ecke rechts abbiegst.* Im Jordaan ist alles etwas kleiner und gemütlicher als im Grachtenring: Hutzelige Häuschen kuscheln sich anein-

1 Lijnbaansgracht/ Ecke Rozengracht

2 Bloemgracht

ander, kleine Brücken überspannen die baumbestandenen Kanäle. Bei Nr. 87–91 passierst du drei besonders schöne, identische Treppengiebelhäuser aus dem 17. Jh. *Am Ende der Gracht biegst du links in die 1e Leliedwarsstraat ab*, wo sich einige Neubauten unter die Häuser des Goldenen Zeitalters mischen. Im Laufe des 19. Jhs. wurde der Jordaan zum Armenhaus von Amsterdam, viele alte Gebäude verfielen und wurden – nachdem großmaßstäbliche Abrisspläne für das gesamte Viertel in den 1960er-Jahren glücklicherweise abgewendet wurden – in den 1980er-Jahren durch Neubauten ersetzt. Inzwischen ist das Viertel als Wohnort wieder sehr populär – was auch an den vielen netten Cafés, Galerien und Läden liegt. Wer gerne in eigenwilligen kleinen Läden stöbert, kommt in dieser Straße sicher auf seine Kosten. Verlockend ist z. B. *über die Egelantiersgracht hinüber weiter geradeaus* das nostalgische ❸ Oud-Hollandsch Snoepwinkeltje *(2e Egelantiersdwarsstraat 2)*, in dem sich Gläser voller altholländischer Süßigkeiten türmen.

❸ Oud-Hollandsch Snoepwinkeltje

DER BESTE APFELKUCHEN

Weiter geht es durch die Tuinstraat und dann links an der Prinsengracht entlang bis zur ❹ Noorderkerk ➤ S. 39 die für das geistliche Wohl der protestantischen Jordaan-Bewohner sorgte. Falls bereits der kleine Hunger ruft, empfiehlt sich ein Stück Apfelkuchen am Noordermarkt ➤ S. 82 im Café ❺ Winkel 43 oder, falls es gerade Samstag und vor 16 Uhr ist, ein Snack auf dem Biomarkt. *Danach solltest du noch ein kleines Stück weiter nach Norden gehen, die Brücke Lekkeresluis überqueren und auf der gegenüberliegenden Seite der Prinsengracht bei Nr. 85–133* einen Blick in das gemütliche ❻ Van Brienenhofje (Mo–Fr 6–18, Sa 6–14 Uhr) werfen. Die Hofjes waren von Kaufleuten gestiftete Wohnanlagen für bedürftige, alleinstehende Alte, und noch heute gibt es im Jordaan insgesamt 46 dieser versteckten grünen Oasen.

❹ Noorderkerk

❺ Winkel 43

❻ Van Brienenhofje

INSIDER-TIPP
Oase im Hof

KOPFSTEINPFLASTER & KÜNSTLERATELIERS

Geh über dieselbe Brücke zurück, schlendre in nordwestlicher Richtung weiter an der Brouwersgracht

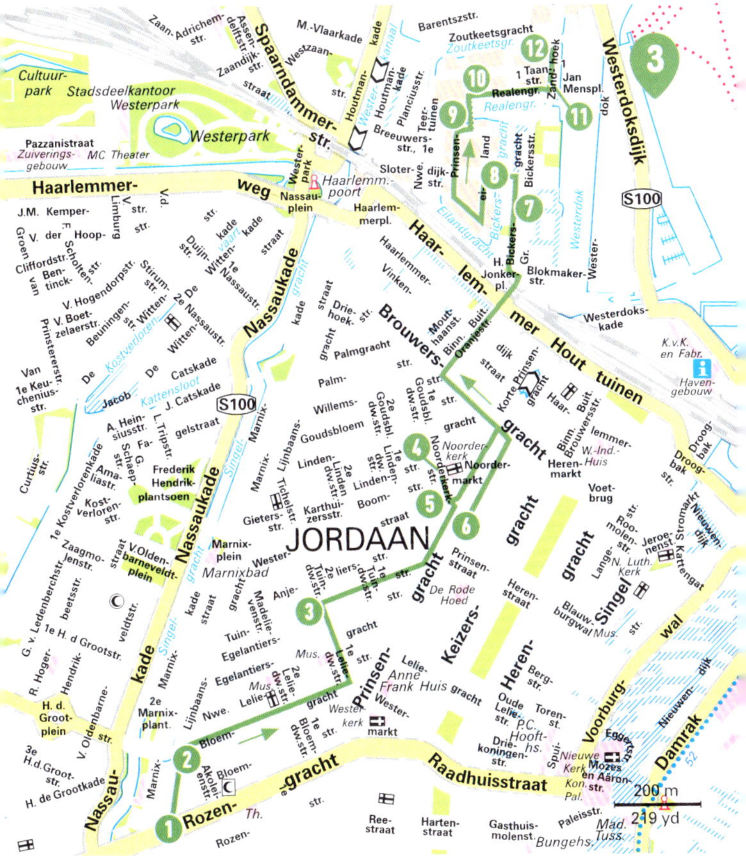

entlang und überquere rechts die Oranjebrug. Nach wenigen Minuten gehst du unter den Bahngleisen hindurch und stehst dann auf dem Hendrik Jonkerplein. Hier liegen die westlichen Hafeninseln Bickerseiland, Prinseneiland und Realeneiland. Ursprünglich wurden alle Betriebe auf diese Inseln verbannt, die für die vornehme Innenstadt zu viel Lärm oder Gestank machten. Teer- und Salzsiedereien, Seilereien, Werften und Fischverarbeitungsbetriebe siedelten sich am Wasser an, dahinter wurden Lagerhäuser und bald auch Wohnhäuser für Arbeiter und Seeleute errichtet. Heute sind fast alle ehemaligen Werk-

Tulpensaison vorbei? Sonnenblumen vom Noordermarkt machen sich auch gut als Fotomotiv

7 Bickersgracht

8 Prinseneiland

stätten zu begehrten Wohnungen und Künstlerateliers umfunktioniert. Obwohl das historische Viertel fast genauso hübsch ist wie Wallen oder Grachtenring, blieb es bisher vom Massentourismus verschont. Quer über den Platz erreichst du die 7 Bickersgracht. Alte Backsteinhäuser, Kopfsteinpflaster und überwucherte Grachtengärten machen den nostalgischen Charme der Straße aus – kaum vorstellbar, dass die Umgebung in den 1960er-Jahren als eine der schlechtesten Wohngegenden der Stadt galt. *Auf der anderen Seite der Gracht* liegt das 8 Prinseneiland, das man über eine kleine Brücke erreicht. Galgenstraat heißt die Gasse dahinter, denn von hier aus konnte man früher das Galgenfeld auf der Nordseite des Flusses IJ sehen. Davon ist zum Glück nichts mehr übrig, darum wendest du dich lieber den schönen Lagerhäusern zu, die das gesamte Eiland säumen. Ihre Namen – De Windhond, De Teerton oder De Witte Pelicaan – werden von hübschen Giebelsteinen illustriert oder stehen in schnörkeliger Schrift auf die Fensterläden geschrieben. *Folg der Straße Prinseneiland im Uhrzeigersinn und dreh eine Runde um die Südseite der Insel.*

ÜBER DIE DREIHERINGSBRÜCKE ZU WERFTEN UND HAUSBOOTEN

Wenn du im Norden die ❾ Drieharingenbrug *überquerst, erreichst du das* ❿ Realeneiland. Ihren Namen erhielt die malerische Hebebrücke vom Haus „De drie Haringen" auf der anderen Grachtseite. In der Realengracht, deren Ufer von kleinen Werftbetrieben gesäumt ist, dümpeln viele zu Hausbooten umfunktionierte Lastkähne. Gleich um die Ecke liegt der Kai ⓫ Zandhoek, dessen Name sich vom Sandmarkt ableitet, der dort 1634 eingerichtet wurde. Vom Wohlstand mancher Händler, die hier wohnten, zeugt eine Reihe prachtvoller Grachtenhäuser. Im letzten Haus, ⓬ De Gouden Reael, befindet sich ein schönes Café-Restaurant mit einer sonnigen Terrasse am Wasser – ein idealer Ort, um den Spaziergang gegen 18 Uhr bei einem Glas Wein oder sogar einem Abendessen abzuschließen. Nach der Tour *überquerst du die Brücke hinter dem Gouden Reael und folgst der Straße bis zum Westerdoksdijk. Gleich rechts um die Ecke ist die Haltestelle von Bus 48 (Richtung Borneo Eiland), der zum Hauptbahnhof fährt.*

❾ Drieharingenbrug
❿ Realeneiland
⓫ Zandhoek
⓬ De Gouden Reael

4 NEUE ARCHITEKTUR AM WASSER

- Per Fahrrad zu den Hafeninseln
- Amsterdams ausgefallenste Brücke erklimmen
- Moderne Grachtenhäuser und alte Hausboote erleben

Lloyd Hotel

Eye Film Institute

10 km

halber Tag, reine Fahrzeit ¾ Stunde

Kosten: Fahrradmiete ca. 12 Euro

WO WALFISCHE IN DER SONNE GLITZERN …

Am besten lässt sich die neue Uferbebauung ortstypisch per Fahrrad (Verleihe ➤ S. 130) erkunden.

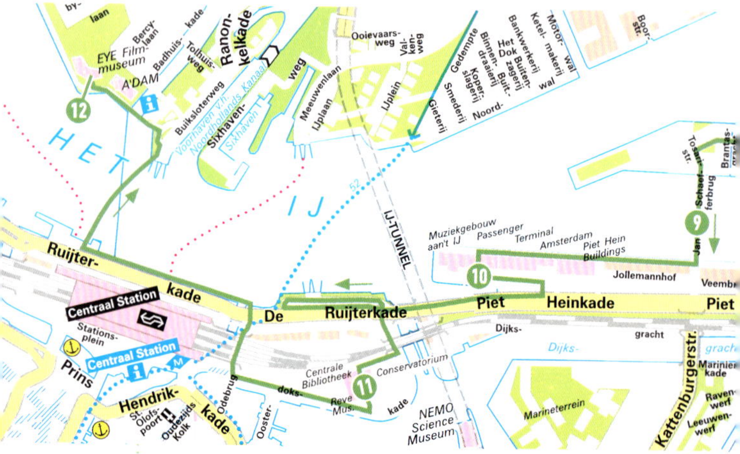

❶ Lloyd Hotel

❷ Wohnblock Walfisch

❸ Sporenburg

Schwing dich auf den Drahtesel und radle zum ❶ **Lloyd Hotel** *(Oostelijke Handelskade 34)*, das 1918 als Emigrantenheim der gleichnamigen Schifffahrtsgesellschaft errichtet und 2005 als Designhotel wiedereröffnet wurde. *Gleich gegenüber am IJ-Hafen* gibt es einen ersten Überblick über die Inseln und ihre neue Architektur. Über das Wasser hinweg sieht man das Java-Eiland mit abwechslungsreichen, urbanen Wohnhäusern und KNSM-Eiland mit seiner Mischung aus großen Wohnblocks und pittoresken Hausbooten. Radelt man an einem sonnigen Tag über die Inseln, erfährt man den ganzen Charme dieser Mischung. *Du fährst am Wasser entlang nach Osten. Hinter dem weißen IJ-Turm* taucht der ❷ **Wohnblock Walfisch** auf, dessen Zinkfassade in der Sonne glitzert. Dahinter liegt die Halbinsel ❸ **Sporenburg** mit ihren niedrigen Reihenhäusern aus dunklem Backstein. Aus der Not haben die Architekten eine Tugend gemacht: Die Insel sollte dicht, aber niedrig bebaut werden. Daraus entstand ein ganz neuer, nach innen gerichteter Haustyp mit Dachterrassen und Innenhöfen. Abgesehen von Blumenkübeln und Bänkchen vor den Häusern gibt es keine Gärten – das Wasser der Hafenbecken ersetzt den fehlenden Grünraum. Fast jeder, der hier wohnt, besitzt ein kleines Boot. Die einzige Grünanlage befindet sich am Fuß des Hochhauses Steltloper von 2020 und lädt mit ihrem Holzdeck am Wasser zum kurz Hinsetzen und Verschnaufen ein.

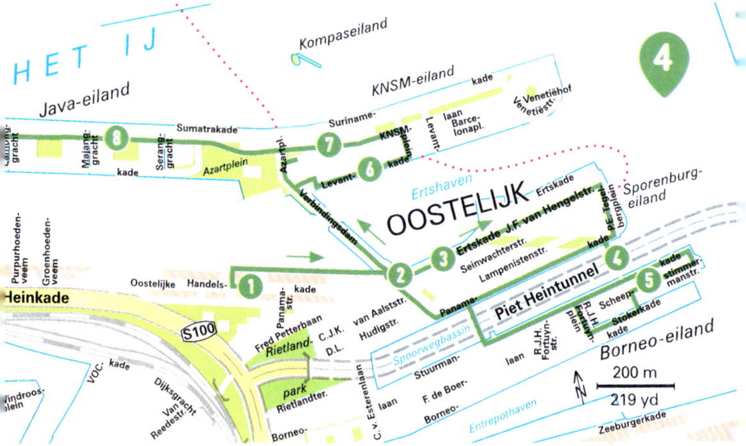

... UND SICH ROTE SCHLANGEN WINDEN

Fährst du an Ertskade und J. F. van Hengelstraat entlang und um den Kopf der Halbinsel herum, erblickst du die expressiv geschwungene, knallrote ❹ Python-Brücke, die über das Spoorwegbassin nach Borneo führt. Hier solltest du das Fahrrad kurz stehen lassen und die Brücke erklimmen, denn von oben hat man einen Panoramablick über das Viertel. *Weiter geht es entlang der Panamakade bis zu der zweiten roten Brücke,* die wesentlich niedriger und deshalb für Fahrräder passierbar ist. *Auf der anderen Seite biegst du links ab und umrundest den Kopf der Halbinsel* Borneo. Dort erwartet dich eine Besonderheit: In der ❺ Scheepstimmermanstraat hat die Stadt zum ersten Mal seit dem 17. Jh. Baugrund an Privatleute verkauft – eine große Ausnahme in den Niederlanden. Jeder Käufer konnte sich von einem Architekten seiner Wahl eine Reihenvilla errichten lassen. Das Ergebnis ist höchst abwechslungsreich: Man radelt entlang einer bunten Galerie von Architekturexperimenten. Besonders ungewöhnlich sind das Haus Nr. 120, in dem ein Baum wächst, und das rundum holzverkleidete Haus Nr. 62. Am schönsten präsentieren die Häuser sich, *wenn man sie von der kleinen Fußgängerbrücke zur Stokerkade aus betrachtet.*

INSIDER-TIPP
Reihenhäuser einmal anders

❹ Python-Brücke

❺ Scheepstimmermanstraat

VON DER KUNST DES WOHNENS

Dann geht es entlang der Stokerkade, vorbei an einem großen braunen Wohnblock, wieder zur Radfahrerbrücke, am Walfisch entlang und von dort über den Verbindungsdamm auf KNSM, die Insel der Königlich Niederländischen Schiffahrtsgesellschaft. Sie wird beherrscht vom großen, skulpturartigen ❻ Wohnblock Piraeus der deutschen Architekten Kollhoff und Rapp, der sich um einen kleinen Altbau rechts von dir legt. Wem nun nach einer Pause zumute ist, der findet im Piraeus-Block das nette Café Kanis en Meiland. Von der Terrasse am Wasser aus kannst du das Treiben auf den Decks der Wohnboote im Hafenbecken beobachten. Wem der Sinn nun nach etwas Designshopping steht, der wird in den Läden im Hafenbau ❼ Loods 6 gleich an der *nördlich gelegenen KNSM-Laan* fündig: Bei Sissy Boy ➤ S. 83 *(Nr. 19)* etwa gibt es Mode und Accessoires, bei Pols Potten *(Nr. 39)* Wohndesign. *Westlich vom Verbindungsdamm grenzt KNSM- an* ❽ Java-Eiland. Dort ist die Atmosphäre städtischer: Hohe Wohnhäuser säumen den stark befahrenen Sumatra-Kai an der Nordseite der Insel. *Du fährst lieber parallel dazu durch die schöne, ruhige Grünzone im Inneren der Insel und überquerst schließlich links die* ❾ Jan-Schaeffer-Brü-

❻ Wohnblock Piraeus

❼ Loods 6

❽ Java-Eiland

❾ Jan-Schaeffer-Brücke

cke. Sie endet an der Oostelijke Handelskade unter dem alten Wilhelmina-Packhaus, das zum Kulturzentrum umgebaut wurde. *Dort biegst du rechts ab und radelst entlang des fischförmigen Kreuzfahrtterminals zum* ⑩ Muziekgebouw aan 't IJ ➤ S. 96. Der auffällige gläserne Konzertbau wurde vom dänischen Architekturbüro 3XN errichtet.

⑩ Muziekgebouw aan 't IJ

ÜBERS WASSER IM ANGESICHT DES AUGES

Nun rollst du am Wasser entlang brückab, biegst bei der ersten Ampel rechts ab, unterquerst De Ruijterkade und findest dich auf dem Oosterdokseiland wieder. Hier lockt ein Besuch der imposanten Hauptfiliale der Stadtbibliothek ⑪ OBA Oosterdok ➤ S. 32 mit modernem Designinterieur. *Weiter geht es entlang der Oosterdokskade, am Ende der Halbinsel rechts, unter den Bahngleisen durch und am Wasser wieder links. Nach ein paar Hundert Metern hast du den Fähranleger hinter dem Hauptbahnhof erreicht. Die kostenlose Fähre Richtung Buiksloterweg bringt dich ans Nordufer*, wo das futuristische ⑫ Eye Film Institute ➤ S. 54 gegen 13 Uhr als letztes Ziel der Tour wartet. Auf der Terrasse am Wasser oder in der spektakulären Raumlandschaft des Foyers erholt man sich beim Mittagessen von der Radtour.

⑪ OBA Oosterdok

⑫ Eye Film Institute

Wie das gleichnamige Reptil windet sich die Python-Brücke knallrot übers Bassin

GUT ZU WISSEN

DIE BASICS FÜR DEINEN STÄDTETRIP

ANKOMMEN

ANREISE

Amsterdam ist sehr gut über das niederländische Autobahnnetz zu erreichen. Allerdings gibt es rund um die holländische Hauptstadt ständig Staus. Nicht nur deshalb ist es nicht schlau, mit dem Auto anzureisen. Günstige P-&-R-Möglichkeiten gibt es entlang der Ringautobahn A 10: unter dem Bahnhof Sloterdijk, auf dem Zeeburgereiland, im Parkhaus am Olympiastadion, am Bos en Lommerplein und unter der Arena. Bei Parkbeginn werktags vor 10 Uhr kosten die ersten 24 Stunden 8 Euro, danach beträgt der Tarif 1 Euro pro weitere 24 Stunden. Bei Parkbeginn nach 10 Uhr oder am Wochenende kosten auch die ersten 24 Stunden nur 1 Euro. Nach vier Tagen bezahlt man die regulären Parkkosten, die pro Standort variieren. Hinzu kommen Tickets für die öffentlichen Verkehrsmittel, deren Preis von 5,50 Euro für 1 Person bis 8,50 Euro für 5 Personen gestaffelt ist. Bei P+R Noord, Boven 't Y, VUmc und Zeeburg III gibt es nur reguläre Tickets für den öffentlichen Nahverkehr. Weitere Informationen: *iamsterdam.com*

Zwischen Frankfurt, Köln und Amsterdam verkehren ICE-Züge (Fahrtdauer 4 bzw. 3 Std.). Von Berlin fahren IC-Züge in sechseinhalb Stunden nach Amsterdam. Wer aus dem Norden kommt, muss meist in Osnabrück umsteigen.

Mehrmals täglich starten Linien- und Budgetflüge aus allen großen europäischen Städten nach Amsterdam-Schiphol. Der Flughafen liegt etwa 18 km südwestlich der Stadt.

Es gibt etliche Fernbusverbindungen zwischen deutschen Städten und Amsterdam. Sie kommen alle bei ver-

Mit dem Auto in die Oper? Keine gute Idee. Metro und Tram sind schneller und günstiger

schiedenen Regionalbahnhöfen an – z. B. Duivendrecht und Sloterdijk. Von dort aus erreicht man mit Metro oder Zug innerhalb von max. 20 Minuten das Zentrum.

MOBIL SEIN

Vom Flughafen Schiphol fährt alle Viertelstunde ein Zug zum Hauptbahnhof (Fahrzeit ca. 20 Min., Fahrpreis 5,70 Euro). Ein Taxi in die Innenstadt kostet etwa 45 Euro. Für Gruppen bis zu 8 Personen ist das Schiphol Travel Taxi die günstigste Lösung *(schipholtraveltaxi.nl)*. Info Schiphol: *Tel. 0900 0141 | schiphol.nl*.

ÖFFENTLICHE VERKEHRSMITTEL

Es verkehren Straßenbahnen *(tram)* und Busse sowie mehrere Metrolinien. Einen Besuch wert ist die Metrostation Rokin (Linie 52): Dort sind etliche archäologische Fundstücke von der Baustelle zwischen den Rolltreppen ausgestellt – von Scheren über Anker bis hin zu Tierskeletten.

INSIDER-TIPP
Archäologie in der Metro

Als Fahrscheine dienen Chipkarten. 1-Stunden-Chipkarten kosten 3,20 Euro und sind in ganz Amsterdam gültig. Günstiger sind Tages- und Mehrtages-Chipkarten. Tageskarten gelten 24 Stunden, kosten 8,50 Euro und sind beim Fahrer, beim Schaffner, am Automaten in Metrostationen und an manchen Hotelrezeptionen erhältlich (48 Std.: 13,50 Euro, 72 Std.: 19 Euro, 96 Std.: 24,50 Euro). Achtung: In Bussen und Bahnen wird kein Bargeld, sondern nur die EC-Karte akzeptiert! Wer vom Flughafen kommt, kann dort das *Amsterdam Travel Ticket* kaufen, das auch die Hin- und Rückfahrt Schiphol–Amsterdam mit dem Zug beinhaltet und 17 Euro für 1 Tag, 22,50

Euro für 2 Tage oder 28 Euro für 3 Tage kostet.

Bei Straßenbahnen steigt man meist an einer der hinteren Türen ein, wo der Schaffner sitzt. Für alle Chipkarten gilt, dass man damit unbedingt beim Einsteigen ein- und beim Aussteigen wieder auschecken muss, auch wenn man nur umsteigen will! Dafür hältst du die Karte vor ein Lesegerät neben der Schaffnerkabine bzw. an der Tür, bis es kurz piept. Vergisst du das Auschecken, wird die Karte ungültig.

Nach Amsterdam-Noord verkehren neben der Metro auch kostenlose Fähren, die auf der Nordseite des Hauptbahnhofs ablegen. Nur die Fähre zum Buiksloterweg fährt die ganze Nacht hindurch. Die anderen Fähren verkehren bis ca. 24 Uhr.

Auch Busse und Bahnen fahren unter der Woche bis ca. 24 Uhr, am Wochenende bis ca. 1 Uhr. Danach verkehren Nachtbusse, für die Sondertarife gelten. Ein Einzelfahrschein kostet 4,50 Euro und ist 1,5 Stunden lang gültig. *gvb.nl*

GRÜN & FAIR REISEN

Du willst beim Reisen deine CO_2-Bilanz im Hinterkopf behalten? Dann kannst du deine Emissionen kompensieren *(atmosfair.de; myclimate.org)*, deine Route umweltgerecht planen *(routerank.com)* oder auf Natur und Kultur *(gate-tourismus.de)* achten. Mehr über ökologischen Tourismus erfährst du hier: *oete.de* (europaweit); *germanwatch.org* (weltweit).

FAHRRADVERLEIH

Aufs Rad schwingen sollten sich in Amsterdam nur sichere Radfahrer, denn der Verkehr ist chaotisch. Dennoch ist eine Radtour durch die Stadt der *fietsen* natürlich ein einmaliges Erlebnis. Die Leihgebühr beträgt ab 13 Euro für 24 Stunden.

- *Star Bikes (De Ruyterkade 143 | Tel. 020 6 20 32 15 | starbikesrental.com | Centrum | d1)*
- *Rent A Bike (Damstraat 20–22 | Tel. 020 6 25 50 29 | bikes.nl | Centrum | b2)*
- *Mac Bike (Weteringsschans 2, Leidseplein | De Ruijterkade 34b, Hauptbahnhof | Oosterdokskade 149 | Waterlooplein 199 | Tel. 020 6 20 09 85 | macbike.nl)*

Alle professionellen Verleihe haben auch Kinderfahrräder und Kindersitze verschiedener Größen und Typen im Angebot. Helme sind dagegen Mangelware, denn in Amsterdam fährt kaum jemand mit Helm! Wer einen Helm benötigt, sollte ihn besser selber mitbringen. Elektroräder gibt es zwar auch, aber im dichten Amsterdamer Stadtverkehr hat man nicht viel vom zusätzlichen Antrieb. Sie eignen sich eher für Radtouren ins Umland.

TAXI

Standplätze findet man z. B. auf der Nordseite des Hauptbahnhofs, vor vielen großen Hotels und natürlich an großen Plätzen wie dem Leidseplein. Taxis auf der Straße zu erwischen ist eher schwierig, da viele nicht anhalten. Auch falls ein Fahrer dir gegenüber das Gegenteil behauptet: Du darfst frei wählen, mit welchem Taxi du fährst! Auch elektrische Taxis gehören zur Flotte. Praktisch: Wenn man ein Taxi über die *TCA-App* (iPhone und Android) bucht, wird der Preis im Voraus genau berechnet. *Grundgebühr 3,36 Euro, danach 2,47 Euro pro km | Tel. 020 7 77 77 77 | tcataxi.nl*

INSIDER-TIPP
Taxipreis ohne Überraschung

VOR ORT

I AMSTERDAM CITY CARD

Der Kultur- und Freizeitpass *I amsterdam City Card* ist für 24, 48, 72 oder 96 Stunden erhältlich. Mit der Chipkarte nimmt man je nach Anbieter nicht nur verbilligt oder gar kostenlos an einer Grachtenfahrt teil und benutzt die öffentlichen Verkehrsmittel, sondern hat auch freien Zugang zu einigen Museen, u. a. Amsterdam und Stedelijk Museum. Außerdem sind Preisnachlässe für einige Attraktionen und Restaurants enthalten. Allerdings lohnt sich die Anschaffung nur, wenn man wirklich viele Angebote nutzt, denn der Pass kostet 65 Euro (24 Std.), 110 Euro (48 Std.), 95 Euro (72 Std.) oder 125 Euro (96 Std.). Man erhält ihn online unter *iamsterdam.com* oder in den *I Amsterdam Visitor Centres*.

I AMSTERDAM STORE

Im *I Amsterdam Store (Mo–Fr 9–19, Sa/So 9–18 Uhr)* in der Nordhalle des Hauptbahnhofs bekommt man Informationen und Tickets für Stadtrundfahrten, Museen und Veranstaltungen. Dort werden auch ungewöhnliche Designprodukte und Mitbringsel aus Amsterdam verkauft, z. B. Parfüm aus Ulmenblättern, Bier von Lokalbrauereien, Schals und Mützen von Amsterdamer Designern. Wer nicht bis zum Besuch warten kann, findet alles auch im Onlinestore: *iamsterdam.com/en/i-amsterdam-store.*

INSIDER-TIPP
Souvenirs aus dem Bahnhof

Radfahrer dürfen in Amsterdam fast alles – auch Passagiere mitnehmen

FEIERTAGE

1. Jan.	*Nieuwjaar* (Neujahr)
März/April	Karfreitag, Ostermontag
27. April	*Koningsdag*
5. Mai	*Bevrijdingsdag* (nur öffentliche Einrichtungen sind geschlossen)
Mai/Juni	Christi Himmelfahrt, Pfingstmontag
25./26. Dez.	Weihnachten

GELD & PREISE

Wundere dich nicht, wenn du statt 52 nur 50 Cent zurückbekommst: In den Niederlanden werden alle Beträge auf 5 Cent gerundet. 1- und 2-Cent-Münzen gibt es so gut wie gar nicht. Dafür ist bargeldloses Bezahlen auch bei kleinen Beträgen sehr weit verbreitet; manche Cafés und Restaurants, aber auch die Straßenbahn schaffner akzeptieren gar keine Bargeldzahlung mehr.

WAS KOSTET WIE VIEL?

Kaffee	3 Euro *ein koffie verkeerd im Café*
Bier	3 Euro *ein Bier vom Fass*
Kino	14 Euro *ein Ticket*
Tulpen	5 Euro *für 10 Stück*
Pommes	3 Euro *eine mittlere Portion mit Mayo*
Tram	8,50 Euro *24-Std.-Ticket*

In Restaurants, Geschäften, Supermärkten und sogar an vielen Marktständen kann man mit EC-Karte (mit Maestro-Zeichen) und PIN-Code oder kontaktlos bezahlen. Kreditkarten werden hingegen in vielen Cafés und kleinen Restaurants nicht akzeptiert. Restaurants, Taxis und Hotels sind spürbar teurer als in Deutschland. Sonst liegen die Lebenshaltungskosten auf vergleichbarem Niveau.

GRACHTENFAHRTEN ★

Was wäre ein Amsterdambesuch ohne Grachtenrundfahrt? Entsprechend viele Anbieter solcher Touren gibt es. Die meisten Rundfahrten starten beim Hauptbahnhof oder vor dem Rijksmuseum und haben alle ein ähnliches Programm und ähnliche Preise. Man kann Tickets online kaufen, aber in der Regel gibt es auch an den Schaltern keine langen Wartezeiten, denn die Tagesrundfahrten starten alle halbe Stunde. Die Fahrt führt durch den Grachtenring und den Goldenen Bogen, das Jordaan-Viertel, auf das IJ hinaus, in das Hafenbecken Oosterdok und meist auch ein Stück entlang der Amstel. Erläuterungen kommen in mehreren Sprachen vom Band. Der Preis für eine 75-minütige Rundfahrt liegt um 19 Euro, Hop-on-Hop-off-Tickets für 24 Stunden gibt es ab 32,50 Euro (Rabatt bei Online-Buchung), angeboten z. B von *Rederij Lovers (Tel. 020 5 30 10 90 | lovers.nl), Amsterdam Canal Cruises (Tel. 020 6 79 13 70 | amsterdamcanalcruises.nl), Stromma (Tel. 020 2 17 05 00 | stromma.nl)*. Nicht die größte Auswahl, aber schöne, alte Boote und günstige Preise bietet *Reederij Kooij (online ab 13 Euro | Rokin gegenüber Haus Nr. 125 | Tel. 020 6 23 38 10 | rederijkooij.nl | Centrum | b3)*. Auch Abendfahrten mit oder ohne Essen gehören zum Angebot *(s. S. 95)*.

INSIDER-TIPP **Rundfahrtboote mit Stil**

Auf der Suche nach einem exklusiveren Erlebnis? Dann wirst du bei *Pure Boats (Keizersgracht 106 | Tel. 020 2 15 74 20 | pureboats.com | Centrum | a1)* fündig. In die schicken Boote passen maximal 15 Teilnehmer, Mindestalter ist 14 Jahre. Eine zweistündige Rundfahrt mit Getränken und Häppchen kostet 56 Euro pro Person. Wer selber Kapitän sein möchte, kann bei *Boaty (ab 79 Euro für 3 Std., max. 6 Personen | Jozef Israëlskade | von Ferdinand Bolstraat aus über den Fußweg 50 m am Amstelkanaal entlang | Tel. 06 27 14 94 93 | boaty.nl | Tram 12 Scheldestraat | De Pijp | F7)* ein mit Ökostrom angetriebenes Elektroboot mieten.

Es gibt auch einige Grachtenfahrten mit speziellem Blickwinkel. Solche bietet die *Rederij Lampedusa (jeden Samstag um 11 Uhr | 35 Euro | Dijksgracht 6 | rederijlampedusa.nl | Tram 26 Muziekgebouw aan 't IJ | Centrum | J3).* an, die mit ehemaligen Flüchtlingsbooten aus dem Mittelmeer durch die Grachten schippert und die Geschichte von Amsterdam als Immigrantenstadt erzählt.

KLIMA & REISEZEIT

Das Wetter in Amsterdam ist nicht gerade für seine Freundlichkeit berühmt. Es regnet häufig, und nicht selten weht auch eine steife Brise. Dabei hat das wechselhafte, gemäßigte Klima den Vorteil, dass es selten tagelang durchregnet. Beste Reisezeit ist von Ostern bis Oktober, aber egal, zu welcher Jahreszeit du kommst: Regenschirm nicht vergessen!

ÖFFNUNGSZEITEN

Geschäfte sind an Werktagen von 9–18 Uhr geöffnet. Viele kleinere Läden öffnen jedoch am Montag erst gegen 12 Uhr oder gar nicht. Donnerstags schließen die Läden im Zentrum um 21 Uhr. Am Samstag kann man bis 18 Uhr shoppen, am Sonntag in der Innenstadt von 12–17 Uhr. Supermärkte sind Mo–Sa bis 20 Uhr geöffnet, in der Innenstadt Mo–Sa bis 22, So bis 20 Uhr. Marktbuden werden gegen 16 Uhr abgebaut.

PARKEN

Innerhalb des Autobahnrings A 10 ist das Parken kostenpflichtig. Man bezahlt an Automaten auf der Straße – aber nur mit EC- oder Kreditkarte, nicht mit Bargeld. Dafür gibt man sein Kennzeichen in den Automaten ein und wählt dann zwischen Stunden-, Ganztags- oder Abendticket. Man kann sich eine Quittung ausdrucken lassen, braucht aber keinen Parkschein mehr hinter die Windschutzscheibe zu legen. Kosten in der Innenstadt: 7,50 Euro/Std., 45 Euro Tagesticket (9–24 Uhr). Außerhalb des Zentrums ist es billiger. Wer ohne gültigen Schein erwischt wird, zahlt Bußgeld in Höhe von 55,50 Euro. Die früher so gefürchteten Radklemmen werden nur noch bei Wiederholungstätern eingesetzt. Abschleppen kostet 373 Euro. Parkhäuser in der Amsterdamer Innenstadt (ca. 40 Euro/Tag): *Europarking (Marnixstraat 250); im Kaufhaus Bijenkorf, im Muziektheater (Waterlooplein), am Nieuwezijds Kolk und im Byzantium (Tesselschadestraat 1).* Weitere Infos unter *short.travel/ams12*

POST

Postämter sind meist Mo–Fr ca. 9–17 Uhr, Sa 9–13 Uhr geöffnet. Allerdings verschwinden sie aus dem niederländischen Straßenbild. Briefmarken bekommt man auch in den Zeitschriftenläden der Kette Bruna und am Schalter in Albert-Heijn-Supermärkten. Das Porto für Postkarten und Briefe ins europäische Ausland beträgt 1,55 Euro. *postnl.nl*

STADTFÜHRUNGEN

Amsterdam lässt sich sehr gut zu Fuß erkunden. Deutschsprachige Führungen bietet – abgesehen von den großen Reiseagenturen – die Firma *Amsterdamliebe (Tel. 06 22295867 | amsterdamliebe.de)* an. Neben klassischen Spaziergängen durch die Altstadt gibt es dort auch eine Essenstour und eine Rotlichttour, geleitet von Deutschen und Schweizern, die in Amsterdam ihre Wahlheimat gefunden haben.

Fahrradtouren durch Amsterdam mit einem Guide vorneweg hat außerdem nahezu jeder Fahrradverleih im Programm. Die größte Auswahl geführter Touren – bis zu Ausflügen ans IJsselmeer – findet man bei *Amsterbike (Piet Heinkade 25 | Tel. 020 4 19 90 63 | amsterbike.eu | Centrum | 🕮 J3)* und *Yellow Bike (Nieuwezijds Kolk 29 | Tel. 020 6 20 69 40 | yellowbike.nl | Tram 2, 11, 12, 13, 17 Nieuwezijds Kolk | Centrum | 🕮 b1)*. Preis um 30 Euro für 3 Stunden inklusive Fahrradmiete.

Seit einer Weile gibt es auch Busführungen in Amsterdam, z. B. mit dem *Hop-on-Hop-off-Bus (tgl. 9.15–18.15 Uhr | 28 Euro für 24 Std. | Damrak 26 | citysightseeingamsterdam.nl | 2 Min. Fußweg vom Hauptbahnhof | Centrum | 🕮 b1)*, der bei zwölf Sehenswürdigkeiten hält. Man sollte jedoch bedenken, dass die Gassen der Altstadt eng sind und Busse nur entlang der Hauptstraßen fahren können.

TELEFON & HANDY

Vorwahlen: Deutschland *0049*, Österreich *0043*, Schweiz *0041*, Niederlande *0031*, Amsterdam *(0)20*

TRINKGELD

Im Taxi, Restaurant und Café wird aufgerundet. Man gibt ca. fünf bis zehn Prozent. Bei Kartenzahlung einfach den aufgerundeten Betrag nennen, ehe die Bedienung die Summe in das Gerät eingibt. Der Zimmerservice im Hotel erhält 1–2 Euro pro Tag.

VERANSTALTUNGEN

Kulturelle Veranstaltungen findet man in der Agenda von *iamsterdam.com*. Tickets kauft man am besten direkt über die Websites der Veranstalter. Tipps für Events findet man auch im *I Amsterdam Magazine*, das zweimal jährlich erscheint und u.a. im I Amsterdam Store ausliegt. Alle zwei Monate erscheint außerdem das englischsprachige *Hello Amsterdam Magazine* mit Veranstaltungstipps aller Art, das in vielen Hotels und Restaurants gratis ausliegt, aber auch online verfügbar ist *(helloamsterdam.nl)*.

ZOLL

Waren für private Zwecke können innerhalb der Mitgliedsstaaten der EU in unbegrenzten Mengen zollfrei ein- und ausgeführt werden *(zoll-d.de)*. Für Schweizer gelten Mengenbeschränkungen, z. B. 250 Zigaretten, 5 l Wein oder 1 l Spirituosen.

NOTFÄLLE

DIPLOMATISCHE VERTRETUNGEN

- *Deutsches Konsulat Amsterdam (Honthorststraat 36–38 | Tel. 020 5747700 | niederlande.diplo.de | Oud-Zuid | F6)*
- *Österreichische Botschaft Den Haag (Van Alkemadelaan 342 | Tel. 070 3245470 | aussenministerium.at/denhaag)*
- *Schweizer Botschaft Den Haag (Lange Voorhout 42 | Tel. 070 3642831 | eda.admin.ch/denhaag)*

GESUNDHEIT

Das Gesundheitssystem funktioniert in den Niederlanden anders als in Deutschland. Brauchst du ärztliche Hilfe, wende dich an einen praktischen Arzt *(huisarts)*; niedergelassene Fachärzte gibt es nicht.

Rund um die Uhr erreichbar ist der zentrale *Huisartsenpost: Tel. 088 0030600*. Besucher können sich auch an die *Amsterdam Tourist Doctors (Mo, Do 8–19, Di, Mi, Fr 8–17, Sa 11–15 Uhr | Nieuwe Passeerdersstraat 8 | Tel. 020 2372654 | amsterdamtouristdoctors.nl | Centrum | E4)* Twenden.

In der Nordhalle des Amsterdamer Hauptbahnhofs gibt es außerdem eine *Hausarztpraxis (Central Doctors | Mo–Mi, Fr 7.30–21, Do bis 22, Sa/So 10–20 Uhr | De Ruyterkade 24 a | centraldoctors.nl | Centrum | G2)* mit Apotheke und einer offenen Sprechstunde. Die Europäische Krankenversicherungskarte (EHIC) wird akzeptiert.

NOTRUF

Krankenwagen, Polizei, Feuerwehr: *Tel. 112*

WETTER IN AMSTERDAM

Hauptsaison (April–Okt.) / Nebensaison (Nov.–März)

	JAN.	FEB.	MÄRZ	APRIL	MAI	JUNI	JULI	AUG.	SEPT.	OKT.	NOV.	DEZ.
Tagestemperaturen	5°	5°	9°	13°	17°	20°	22°	22°	19°	14°	9°	6°
Nachttemperaturen	1°	1°	3°	6°	9°	12°	15°	15°	12°	8°	5°	2°
Sonnenschein Stunden/Tag	2	2	4	6	7	7	6	6	5	3	2	1
Niederschlag Tage/Monat	14	11	9	9	9	9	11	11	12	12	14	13

SPICKZETTEL NIEDERLÄNDISCH

SMALLTALK

ja/nein/vielleicht	ja/nee/misschien	ja/nee/miss-chien
bitte/danke	(Sie) alstublieft, (du) alsjeblieft/bedankt	aschtüblieft, aschjeblieft/bedankt
Gute(n) Morgen!/Tag!/ Abend!/Nacht!	Goeden morgen!/dag!/ avond!/nacht!	chuje morche/dach/ afond/nacht
Hallo!/Auf Wiedersehen!	Hallo!/Dag!	hallou/daach
Tschüss!	Doei!	duui
Ich heiße …	Ik heet …	ick heet …
Wie heißt du?/ Wie heißen Sie?	Hoe heet je?/ Hoe heet u?	hu heet je/hu heet ü
Ich komme aus …	Ik kom uit …	ick komm ööt
Entschuldigung.	Sorry.	sorri
Wie bitte?	Pardon?	pardong
Ich möchte …/ Haben Sie …?	Ik wil graag …/ Heeft u …?	ick will chraach/ heeft ü

ZEIGEBILDER

ESSEN & TRINKEN

Die Speisekarte, bitte.	De kaart, alstublieft.	de kaart aschtüblieft
Könnte ich bitte … haben?	Mag ik ...?	mach ick
Flasche/Karaffe/Glas	fles/karaf/glas	fläss/karaff/chlass
Messer/Gabel/Löffel	mes/fork/lepel	mäss/fork/leepel
Salz/Pfeffer/Zucker	zout/peper/suiker	saut/peeper/söüker
Essig/Öl	azijn/olie	asain/olie
mit/ohne Eis/ Kohlensäure	met/zonder ijs/ bubbels	mätt/sonder ais/ bübbels
(kein) Trinkwasser	(geen) drinkwater	(cheen) drinkwaater
Ich möchte zahlen, bitte.	Mag ik afrekenen.	mach ick affreekenen
am Fenster	bij het raam	bai het raam
Rechnung/Quittung	rekening/bonnetje	reekening/bonnetje
bar/ec-Karte/Kreditkarte	kontant/pinpas/ creditcard	kontant/pinnpass/ kredditkaart

NÜTZLICHES

Wo ist …?/Wo sind …?	Waar is ...?/ Waar zijn ...?	waar is/waar sain
Wie viel Uhr ist es?	Hoe laat is het?	hu laat is hett
heute/morgen/gestern	vandaag/morgen/ gisteren	fanndaach/morche/ chisteren
Wie viel kostet …?	Hoeveel kost ...?	hufeel kost
Wo finde ich einen Internetzugang?	Waar krijg ik toegang tot internet?	waar kraich ick tuuchang tot internet
WLAN	wifi	wiifii
Hilfe!/Achtung!/ Vorsicht!	Hulp!/Let op!/ Voorzichtig!	hülp/lett opp/ foorsichtich
Fieber/Schmerzen/ Durchfall/Übelkeit	koorts/pijn/diaree/ misselijkheid	koorts/pain/diaree/ misselickhait
Apotheke/Drogerie	apotheek/drogisterij	apoteek/droochisterai
Fahrplan/Fahrschein	dienstregeling/kaartje	dienstreecheling/ kaartje
0/1/2/3/4/5/6/7/8/9/ 10/100/1000	nul/één/twee/drie/ vier/vijf/zes/zeven/ acht/negen/tien/ honderd/duizend	nüll/ejn/twee/drie/ fier/faif/ses/söwen/ acht/neechen/tien/ hondert/döüsent

AMSTERDAM FEELING

ZUM EINSTIMMEN & AUSKLINGEN

LESESTOFF & FILMFUTTER

IN GUTER ABSICHT

Der Film spielt im Amsterdam des späten 19. Jhs. Der Bahnhof ist gerade fertig gestellt, und gegenüber soll das luxuriöse Victoria Hotel errichtet werden. Aber ein eigenwilliger Geigenbauer weigert sich, sein altes Häuschen zum Abriss frei zu geben. (2015)

SAMIR, GENANNT SAM

Migrantensohn Sam wächst im Viertel De Pijp auf, rast Nacht für Nacht mit seinem großen Bruder auf der Vespa durch die Stadt und stellt Unsinn an. Doch als der Bruder ins Gefängnis muss, ändert sich sein Leben.

OBER

Wer den niederländischen Humor verstehen möchte, muss die Kultfilme von Alex van Warmerdam sehen. In der schwarzen Komödie bittet Edgar, Ober in einem trostlosen Amsterdamer Restaurant, den Autor seines Lebens um eine kleine Drehbuchänderung. (2006)

DIE MAGIE DER KLEINEN DINGE

Historienroman um die junge Nella, die im Goldenen Zeitalter in einem Haus an der Herengracht lebt. Aber hinter der perfekten Fassade verbergen sich Geheimnisse. (2015)

PLAYLIST QUERBEET

0:58

THE MAUSKOVIC DANCE BAND – THINGS TO DO
„Afrokaribische Space-Disco" nennt die Band ihre Musik, bei der keine Hüfte steif bleibt

SIMEON TEN HOLT – CANTO OSTINATO
Minimalistische Komposition von 1976, meist vierhändig am Klavier gespielt – oft im Concertgebouw

ANDRÉ HAZES – MIJN LEIDSEPLEIN
Pathos: Der Amsterdamer Schnulzensänger besingt den Leidseplein

AMSTERDAM KLEZMER BAND – A CHASSID IN AMSTERDAM
Der Text des Klezmer-Lieds ist eine Persiflage, gespickt mit Wörtern aus dem Amsterdamer Jiddisch

DE JEUGD VAN TEGENWOORDIG – WATSKEBURT?!
Schräger Amsterdamer Hip-Hop

Den Soundtrack zum Urlaub gibt's auf **Spotify** unter **MARCO POLO Netherlands**

Oder Code mit Spotify-App scannen

AB INS NETZ

AMSTERDAM BLOG
Die deutsche Reisejournalistin Ulrike Grafberger gibt Tipps zu Essen, Hotels und Ausstellungen in Amsterdam. Auf der Facebook-Seite zum Blog sind sie ganz besonders frisch. (AmsterdamBlogDe)

AMSTERDAM FOODIE
Unterhaltsame kulinarische Beobachtungen und Restaurantkritiken von einer Britin in Amsterdam, inklusive Restaurantfinder nach Kategorien und Hitlisten. (amsterdamfoodie.nl)

RIJKSMUSEUM APP
Keine altbekannte Auditour, sondern eine interaktive, englischsprachige App für Android und iPhone bietet das Rijksmuseum an. Damit lassen sich auch Kinder für einen Museumsbesuch begeistern

FLATTIRE
Platter Reifen und kein Fahrradladen in Sicht? Diese iPhone-App bietet dir schnelle Abhilfe: Ein mobiler Reparateur kommt und behebt den Schaden, auf Wunsch auch sofort. (flattire.nl)

TRAVEL PURSUIT

DAS MARCO POLO URLAUBSQUIZ

Weißt du, wie Amsterdam tickt? Teste hier dein Wissen über die kleinen Geheimnisse und Eigenheiten von Stadt und Leuten. Die Lösungen findest du in der Fußzeile. Und ganz ausführlich auf den S. 20–25.

❶ In welchem südamerikanischen Land wurde Königin Máxima geboren?
a) Uruguay
b) Bolivien
c) Argentinien

❷ Wie spricht man den Namen des Flusses IJ aus?
a) Wie das deutsche Wort ich
b) Wie das deutsche Wort Ei
c) Wie das I in igitt

❸ Welches ungewöhnliche Bürgermeisteramt gibt es in Amsterdam?
a) Rotlichtbürgermeister
b) Pommesbürgermeister
c) Fahrradbürgermeister

❹ Wie lautet der Name eines berühmten Amsterdamer Designlabels?
a) Droog Design
b) Nat Design
c) Fett Design

❺ Wer kam als erstes auf die Idee, auf Booten zu wohnen?
a) Matrosen
b) Studenten
c) Kaufleute

❻ Auf welchen Teil eines Hauses musste man früher Steuern zahlen?
a) die Fenster
b) die Gardinen
c) die Dachpfannen

Lösungen: 1c, 2b, 3c, 4a, 5b, 6a, 7c, 8c, 9b, 10a, 11b, 12b, 13c

Heute hätte jeder gern ein Hausboot. Aber wer zog als erstes in Amsterdam aufs Wasser?

❼ Was ist Radfahrern in Amsterdam erlaubt?

a) einfach alles
b) Vorfahrtregeln ignorieren
c) zu zweit nebeneinander fahren

❽ Welchen Beinamen trägt Amsterdam?

a) Warschau des Westens
b) Oslo des Südens
c) Venedig des Nordens

❾ Wieviel Prozent der Amsterdamer fahren täglich Fahrrad?

a) mindestens 100 Prozent
b) 53 Prozent
c) 27 Prozent

❿ Wie heißen die kleinen braunen Pfähle, die im Zentrum die Straßen säumen?

a) Amsterdammertjes
b) Hollandertjes
c) Kaaskopjes

⓫ Was trennen die Oranjeschleusen voneinander?

a) Willem Alexander und Máxima
b) IJ und IJsselmeer
c) Amstel und Heineken

⓬ Was ziert das Stadtwappen von Amsterdam?

a) zwei Joints
b) drei Kreuze
c) vier Tulpen

⓭ Wozu werden die Takelbalken benutzt, die oben aus vielen Hausfassaden ragen?

a) zum Hochhieven von Bierkisten bei Partys
b) zum Aufhängen von Flaggen am Koningsdag
c) zum Möbeltransport bei Umzügen

REGISTER

LOB ODER KRITIK? WIR FREUEN UNS AUF DEINE NACHRICHT!

Trotz gründlicher Recherche schleichen sich manchmal Fehler ein. Wir hoffen, du hast Verständnis, dass der Verlag dafür keine Haftung übernehmen kann.

MARCO POLO Redaktion • MAIRDUMONT • Postfach 31 51
73751 Ostfildern • info@marcopolo.de

Impressum
Titelbild: AWL Images: P. Adams
Fotos: A. Bokern (143); DuMont Bildarchiv: T. Linkel (9, 17, 80, 111, 140/141); Getty Images: G. Tsafos (4), S. Winter (58/59); Getty Images/Image Source (131); huber-images: A. Armellin (38, 106/107), M. Borchi (126/127), K. Dadfar (43), H.-G. Eiben (128/129), F. Lukasseck (138/139), S. Raccanello (44), M. Rellini (6/7, 40), R. Schmid (2/3); Laif: M. Gonzalez (85, 86/87, 91, 117, 118), M. Gumm (74/75), M. Jäger (100/101), T. Linkel (14/15, 26/27, 32, 52, 67, 122); Laif/Arcaid: A. Secci (54/55); Laif/Hollandse Hoogte: Burgler (10), C. de Kruijf (50/51), B. van Dam (34); Laif/Le Figaro Magazine: S. Gladieu (64, 70); Look/age fotostock (20/21); Look/SagaPhoto: (79), Forget (97); mauritius images/age: A. Leiva (37); mauritius images/Alamy (69); mauritius images/imagebroker: Mateo (12/13); mauritius images/robertharding (11); mauritius images/Westend61: (Klappe vorne außen, Klappe vorne innen/1, 8, 48, 94), D. Santiago Garcia (56/57); picture-alliance/ANP: M. de Swart (102/103), K. Paul (93), R. van Lonkhuijsen (63), K. van Weel (82/83); picture-alliance/dpa: K. van Weel (104/105); picture-alliance/Dutch Photo Press: P. van Katwijk (22); picture-alliance/EPA: R. De Waal (24); picture-alliance/NurPhoto: R. A. Fernandez (46/47); Shutterstock: A. Pustynnikova (72); vario images/Westend61: J. Kirchherr (98/99)

20., aktualisierte Auflage 2023

Autorin: Anneke Bokern
Redaktion: Christina Sothmann
Bildredaktion: Anja Schlatterer
Kartografie: © MAIRDUMONT, Ostfildern (S. 108–109, 113, 115, 121, 124–125, Umschlag innen, Umschlag außen, Faltkarte); © MAIRDUMONT, Ostfildern, unter Verwendung von Kartendaten von OpenStreetMap, Lizenz CC-BY-SA 2.0 (S. 28–29, 31, 41, 45, 49, 55, 60–61, 76–77, 88–89)
Als touristischer Verlag stellen wir bei den Karten nur den De-facto-Stand dar. Dieser kann von der völkerrechtlichen Lage abweichen und ist völlig wertungsfrei.
Gestaltung Cover, Umschlag und Faltkartencover: bilekjaeger_Kreativagentur mit Zukunftswerkstatt, Stuttgart;
Gestaltung Innenlayout: Langenstein Communication GmbH, Ludwigsburg
Spickzettel: in Zusammenarbeit mit PONS Langenscheidt GmbH, Stuttgart
Konzept Coverlines: Jutta Metzler, bessere-texte.de

Printed in China

FSC www.fsc.org MIX Papier aus verantwortungsvollen Quellen FSC® C124385

MARCO POLO AUTORIN
ANNEKE BOKERN
Die freie Journalistin lebt seit 2000 in Amsterdam, wo sie die Meernähe lieben und Buttermilch zum Mittagessen tolerieren lernte. Sie schreibt über niederländische Architektur und Design. Wenn sie nicht am Schreibtisch sitzt, findet man sie gerne auf dem Noordermarkt und anschließend in ihrer Küche. Inzwischen ist es ihr fast gelungen, ihren deutschen Akzent im Niederländischen abzulegen.

BLOSS NICHT!

FETTNÄPFCHEN UND REINFÄLLE VERMEIDEN

SOFORT DEUTSCH SPRECHEN

Holländer mögen es nicht, wenn Besucher einfach voraussetzen, dass sie Deutsch sprechen. In Amsterdam sprechen die meisten eher Englisch als Deutsch. Versuch es also besser erstmal auf Englisch. Falls der andere Deutsch spricht, kann man immer noch wechseln.

FOTOS VON PROSTITUIERTEN MACHEN

Die Damen mögen leicht bekleidet im Fenster stehen, aber sie (und ihre Zuhälter!) legen dennoch Wert auf ihre Privatsphäre.

MIT DEM AUTO INS ZENTRUM FAHREN

Autofahren ist in der Amsterdamer Innenstadt kein Spaß. Die Gassen sind eng, links und rechts flitzen Radfahrer vorbei, Lieferwagen verstopfen die Straße – und Parkplätze findet man sowieso nicht. Wer sich die Nervenprobe ersparen möchte, stellt das Auto in einem Park + Ride am Stadtrand ab oder lässt es gleich zu Hause.

IM ZENTRUM BLEIBEN

Zugegeben, die Altstadt ist wunderschön, und die meisten berühmten Sehenswürdigkeiten befinden sich dort – aber Amsterdam ist viel mehr als das. Fahr doch mal mit der Fähre nach Noord, geh in einem der vielen Restaurants in Oost essen oder stöber durch die kleinen Läden in De Pijp.

NUR HEINEKEN TRINKEN

Heineken, Amstel, Grolsch: Das sind die holländischen Biermarken, die fast jeder kennt, denn sie sind überall auf der Welt zu haben. Und genau das ist der Grund, warum man in Amsterdam mal etwas anderes ausprobieren sollte. Es gibt in der Stadt einige Mikrobrauereien, die viel spannendere Biersorten produzieren. Hast du schon mal von den Brauereien *Oedipus*, *'t IJ* oder *'t Arendsnest* gehört? Eben!